多賀少年野球クラブの「勝手にうまくなる」仕組みづくり

はじめに

20歳のときに「多賀少年野球クラブ」（以降、「多賀」）を立ち上げ、今年で33年目を迎えた。地元である滋賀県犬上郡多賀町にはもともと少年野球のチームがなかったため、私が野球を始めたのは多賀中学校時代。その後は近江高校へ進学して硬式野球部へ。このときに「地元に少年野球チームを絶対に作ってやるぞ」と志し、卒業後にそれを実現したわけだ。

スタート時は小学生12人という小さなチームだったが、今や人数が増えて、選手は6歳以下の幼児から小6まで各年代につき10人前後がおり、コーチも6人。また2000年からは全国大会の常連になり（2021年までに全日本学童軟式野球大会14度出場、全国スポーツ少年団軟式野球交流大会3度出場）、2018年には「小学生の甲子園」とも呼ばれる全日本学童大会（マクドナルド・トーナメント）で初優勝。さらに翌2019年には連覇を果たすことができた。

と、一見するとすべてがトントン拍子に進んできたように思われるかもしれないが、33年の間には多くの失敗があった。そしてさまざまな悩みを抱えながら考え抜いた末、最終的に行き着いたのが〝チームの仕組みづくり〟。練習を見てもらえれば一目瞭然なのだが、今の「多賀」の土台にはすべてその中に落とし込んでいけばいいという仕組みがある。だからこそ、歯車が回っているのだろう。

そんな私たちの状況を見て、実はいろいろな指導者の方が「何かきっかけをつかみたい」と見学に訪れたり、また私に相談をしてきたりすることもよくある。そこで話を聞いていると、みんな同じような失敗をしているんだなと感じる。そしてもちろん私も過去に同じ道を通っているので、彼らが何かを言い始めた前半の段階で「あぁ、この人は今おそらくこれで悩んでいるんだな」というのもすぐ分かる。

ただ、だからと言って私たちの今のやり方を説明してうわべだけ真似してもらったところで、チームづくりというのはなかなかうまくいかないもの。やはり自分たちで試行錯誤を積み重ね、本気になって「変えよう」と思わなければ意味がない。もっと言えば、「変えよう」と思った瞬間に何かが変わっていないようであれば、その先ずっと変わることはできないとも思う。私たちにしても「多賀」の歴史があり、これまでに積み重ねてきたものがあるからこそ、今のやり方に深みが加わっているのだ。

本書では私たちのチームづくりの方法や子どもたちの育成術、またどんな過去があってそういう発想に至ったのかなど、現在の姿を分かりやすく記しているつもりだ。時代に合っているかどうかは分からないが、私たちは多くのチームが今悩んでいる部分をもう何年も前に経験していて、すでに一周回っている状態。時代に合わせるというよりも、常に時代の先を行っているという自負がある。そんな「多賀」の魅力を多くの人に感じてもらうとともに、野球界全体が良い方向へ進んでいくことを願っている。

目次

第2章 選手がうまくなる仕組みと指導

第3章　チームの環境と運営

第4章 子どもの育成と「魔法の言葉」

第5章 目指すべき少年野球の形

装丁・本文デザイン／浅原拓也
構成／中里浩章
写真／桜井ひとし、岡田浩人
カバープロフィール写真／
PRIVATE SALON afri

第1章　チームづくりの方針

チームで掲げているのは「世界一楽しく」と「世界一強く」

「世界一楽しく！　世界一強く！」

これは私たち多賀少年野球クラブが掲げている合言葉だ。そして、私の指導方針でもある。「強く」というのは分かるとして、履き違えないでもらいたいのは「楽しく」という部分。これは決して「楽しければ何でもいい」ということではない。

もちろん子どもたちの思いは自由なので、ニコニコしながらプレーをする子がいても良いし、緊張感を持ってプレーする子がいても良い。ただ、いつも愉快に笑いながら野球をするということではなく、私たちが言う「楽しく」には、野球の本質である〝試合〟を楽しませるという意味合いが含まれている。

私は野球をよく将棋に例えており、チームとして次の一手をどう指していくかという戦略・戦術が野球という競技の面白さだと思っている。つまり、攻撃なら「1点をどうやって取っていくか」。守備なら「1点をどうやって防いでいくか」。高校野球な

どが顕著だが、現在、日本の野球界では試合での戦略・戦術を監督が考えているチームが99%だと思う。私はその部分を選手に考えさせていきたいのだ。

そう考えると、私たち指導者ができることはやはり、子どもたちが何をストレスに感じているのかを把握してそのストレスをなくしてあげること。そこに尽きると思う。だから「多賀」ではもちろん、笑顔を見せながら選手が伸び伸びとプレーするシーンも多分にある。

ただし、その裏には必ず〝育成〟があるということも付け加えておきたい。一般的に「勝つチーム」というのは勝利優先で野球をしている印象を与えて悪に捉えられやすいものだが、よくよく考えてみると、勝っているチームはもともと野球がうまい選手を集めているから結果が出ているのではなく、選手をちゃんと育成して野球をうまくさせている。逆に「子どもたちが楽しくできれば試合には勝たなくていいんだ」なんて言う人もいるが、育成をしていれば自然と勝ってしまうものなのだ。

だから、私はこれまでずっと「勝つこと」ではなく「勝ってしまうこと」を心掛けてきた。これが「強く」という部分の意味合いだ。そして経験を重ねながら反省をし、「自分が勝たせていこう」と考えていたのが「選手たち自身に勝たせていこう」へと変わっていった。

ちなみに「日本一」ではなく「世界一」としているのは、2011年の国際ユース野球イタリア大会に出たことが大きなきっかけだ。その年の全日本学童大会では3位に終わったものの、優勝チームと準優勝チームが辞退したために私たちが日本代表として世界大会に出場することができた。決して能力の高い子が揃っていたチームではなかったのだが、頭を使いながら勝ち上がって金メダルを獲得。実際に優勝できたからこそ、「世界一」を掲げるようになったのだ。

そして何より衝撃を受けたのが、ヨーロッパの選手たちが本当に楽しそうに野球をしている姿だった。日本の野球界にはいまだに「試合中に笑顔を見せるのは失礼だ」という空気もあるが、野球というのは本来楽しいものじゃないかと。そして、子どもたちには純粋に野球を楽しんでもらいたい。そんな思いから「楽しくやろう」という考えが強くなり、「世界一楽しく！　世界一強く！」という言葉が生まれたわけだ。

なぜ日本一を達成できたのか
その裏にあった大きな変革

２０００年に初めて全日本学童大会に出場して以降、私たちは何度も全国大会に出られるようになった。２００４年と２００９年には準優勝をして、２００５年と２０１１年が３位。また同大会に出られなかった年も全国スポ少交流大会に出場し、２０１２年と２０１５年に準優勝、２０１６年には優勝を果たすことができた。

ただ、目標としている日本一（全日本学童大会優勝）にはなかなか手が届かなかった。全国大会に出ることはできても、そこから突き抜けることができない。準優勝だろうと1回戦敗退だろうと、負けは負けだ。どれだけ「楽しく強く」を実践しても2番手で終わってしまい、ずっとモタモタしている状態が続いていた。

そんな中、大きく変わった転機が2017年。全日本学童大会で初めて全国大会での初戦敗退を喫し、選手たちの保護者に向けてアンケートを実施したことだ。

結論を言うと、メチャクチャ傷つく結果となった。もしかしたら私の中にはどこかで「この方向性で間違っていないんだと背中を押してもらって安心したい」という思いがあったのかもしれない。保護者とは普段からよく話をしていたつもりだったが、本音はどうなのか。それでも私のもとで野球をしたいと言って、どういうチームなのかも理解して入団し、そこそこの結果を出し続けているのだから、認めてもらえているだろうという自信はあった。ところが実際はアンケートを匿名にしたこともあって、内容はホンマに本音。さまざまな意見が私の心にグサグサと刺さっていった。

ただ、実はこれがすごく大事なことだった。それまでは私の話を保護者がみな理解してくれていると思っていたし、正しいことを言っているつもりでもあった。しかし、その話がストンと落ちていかない保護者もいるんだよなぁと気付けたのだ。

そして、私はすべての要望を呑もうと決めた。そこから1つずつの意見と向き合いながら、今までのものも一気に変えていった。だから私はチームづくりに行き詰まっている指導者の方からアドバイスを求められた際、「きっかけをつくりたいならアンケートを取ったらええよ」と伝えている。そして「でもメチャクチャ覚悟しないといけないよ」とも。

私が行なったアンケートの中には、こんな意見もあった。

「試合を楽しくって言っていますけど、練習も楽しくはできないんですか」

これを見たときは「ホンマにそうやな」と心に深く突き刺さった。その当時の「世界一楽しく」はあくまでも試合のことで、まだ「試合は楽しく、練習は厳しく」という指導をしていたのだ。

と言うのも、公式戦ではさまざまなプレッシャーの中で戦わなければならないため、もともと100の力があるチームであっても80くらいの力しか出ないもの。だからこそ、普段の練習のうちは120を目指して追い込んでいく。そして試合になったら力を発揮できるように、楽しく伸び伸びとプレーできる雰囲気をつくればいいと考えていた。つまり、目標よりも先の仮想ゴールを目指していなければ、実際の目標としている100の地点には到達できないんだという発想だ。

指導者の役割として、子どもたちのストレスを取り除くことが大事

こう聞くと正論のようにも思えるが、実はそれが間違いだった。たとえば自分たちの力が平均的に80しかないとして、試合で60しか出せていないとしたら、80の力をそのまま出せる方法を考えればいいんじゃないのかと。まして、実際に試合での勝ち負けというのは力で決まるわけではない。相手チームが100でウチが80。でもウチが「そのまま80を出せばいいんだよ」と戦っていると、相手が自然と79まで落ちてくれることもよくある。そういうスタイルで野球をすればいいのだ。

歴代の「多賀」には「今年は強いぞ」と思える年もあったが、それでも勝てなかった。逆に力だけを見ればそれ以下でも、２０１８年と２０１９年には日本一になることができた。この事実がすべてを物語っていると思う。

じゃあ、そのためにはどうすればいいのか。ひと言で表すと、「ストレスを取り除いてあげること」が大事だ。

アンケートを回収して考え方を転換した２０１７年冬。私は保護者の前で「３つのことを心掛けます」と言って今後の方針を説明した。

１つ目は「多賀少年野球クラブでつながりをしっかりつくること」。今の世の中は人付き合いを面倒に感じる人が多くなり、つながりが薄れてきている。だからこそ「多賀」はみんなで仲良くして、子育てにしても仕事にしてもいろいろな人に相談していこうと。

２つ目は「チームを元気にすること」。日本のニュースを見ているとどうも否定的な話題ばかりだが、このグラウンドだけはみんなが明るく元気になれるような場所にしたい。そういうチームにしていくということを約束した。

そして３つ目が「ストレスをなくすこと」。まずは子どものストレスを取り除き、次に親のストレスを取り除き、指導者のストレスも取り除かせてもらう。「３つのストレスをなくして、楽しくて元気な少年野球を目指します」と宣言した。

このミーティングを終えると、保護者が2人ほどバッと私のところへ来て「そんな野球をして全国に行けんようになったらどうするんですか」「私らは今までの野球が好きで入ってきたんですよ」と言ってきた。そこで私はこう返した。

「目標は全国大会に出ること。なら大丈夫や。行くくらいなら、絶対に行ったるわ」

結局は「監督がそう言うならついていくしかないですわ」となったのだが、これで「勝つこと」も絶対条件となった。

方針を打ち出してからはまず指導者の間で考え方を共有し、どうやって子どもたちのストレスをなくしていくかを考えた。それまでも「選手が力を発揮できる魔法の言葉」は考えて実践していたが、大事にしたのは雰囲気づくりの部分。ネガティブなことは言わず、指導になっていない言葉を掛けることは絶対にしない。良いことはどんどん褒め、試合中に良くないプレーが起こっても「アカンかったな、次頼むわ！」と声を掛ける。そうやって練習や試合を進めていくと、子どもたちが明るく元気になっていった。

そして、思わぬ効果が表れた。「次は保護者のストレスだな」と思ってパッと顔を

見ると、子どもたちが楽しそうに野球をしているものだから、自然と親御さんたちも楽しそうな表情をしていたのだ。そしてその笑顔や積極的にサポートしている姿を見たら、私たち指導者のストレスも自然となくなっていた。

結局、一番のストレスになるのは「大人対大人」。少年野球の場合、子どもたちがやることに対する考え方の相違があるからストレスが大きくなるものだ。

子どもたちのストレスを取り除いたら、3つのストレスがすべてなくなっていた。これでチームが1つの方向に向いていき、年が明けて2018年の夏に日本一。「勝ちたい」と思って必死になっていたときは勝てなかったのだが、パッとチームの本質に目を向けられるようになったら心にも余裕が出てきて、見事に勝てた。そして大気圏を突き抜けてからはそれまでのしんどさが一気になくなり、どんどん上に行けるような感覚が芽生えてきた。

野球をしている人はみんな仲間
その心構えからファンが増えた

日本一になる前にはもう1つ、私にとって大きな転機があった。

軟式野球のトップレベルにあたる「公認コーチ3」という資格を取りに行ったときのこと。全日本軟式野球連盟の吉岡大輔さんという方の講義を聞いたのだが、その中でこんな言葉が出てきた。

「野球をしている人はみんな仲間です。相手チームも仲間、審判員も仲間、大会の役員も仲間。観客もみんな仲間なんです」

これが私の心にストーンと落ちていった。

「あっ…。今まで自分のチームのことだけを見ていたなぁ…」

言ってみれば「自分のチームの子どもらは絶対に守る」。そんな気持ちで、試合のときは野球場という名の「戦場」に向かっていくような感覚だったのだ。でも、グラウンドは戦場ではない。「ランド」だ。

私が目指しているのは、グラウンドをディズニーランドのような場所にすること。みんなが共通して大好きな野球という競技を楽しむ場所であって、その中に「敵」をつくる必要はないんじゃないか。

そう考えるようになってから、私の指導も一気に変わった。

今では試合をしているとき、相手チームの選手でも良いプレーをしたら「ナイスプレー！」と拍手をしながら普通に褒めている。また、ファインプレーをした選手などはスコアブックを見て背番号や名前を覚えておいて、試合後に相手チームが挨拶に来たときに「○○君、すごいなぁ。あんなヒット性の当たりをアウトにされたら俺らは敵わんわ。メチャメチャ上手やん。天才やで」と褒めて送り出している。

計算してやっているわけではないのだが、そうやって接していくうちに、「多賀を倒せ」という気持ちで来ていた相手チームも「なんちゅうええチームや」と思ってくれるようになった。以前の「自分たちが強ければいい」という発想のときは、たしかに強いチームはつくれていたものの、インターネットの掲示板などで悪口を書かれることも多かった。それこそアンケートの一件ではないが、裏にある本音の部分ではまだ周りから愛されていなかったのだと思う。

しかし、相手チームを褒めて、審判員も褒めて、大会関係者も観客もみんな仲間なんだという気持ちになってからは、その手の不満や嫉妬などはいっさい出なくなった。むしろ私たちの姿を相手チーム側の親御さんが見ていて、「弟のほうはまだ野球をしていないので入団させたいんですけど」と電話を掛けてきたりするケースもある。この場合は相手チームに申し訳ないことでもあるので、もちろん相手監督にも「実は…」と直接相談するようにしているが、たとえば審判員や大会役員の方々でもそれぞれに家族がいて職場があるので、「野球をやるなら多賀がええで」と周りに勧めてくれていたりもする。

そうやってどんどん入団希望者が増えていき、全体で20数人だったチームが30人を超え、40人を超え、そして60人を超えて、今は80人を超えようとしている。どれだけいいホームページをつくり、どれだけいい選手募集のチラシをつくり、どれだけいい

ストレスのない子どもたちは、自然とベンチでも自分たちで盛り上がることができる

言葉を並べていても、人からの噂の伝達、いわゆる〝口コミ〟の力に勝るものはないと実感している。

そして、実際に入団した子どもとその親を小学校6年間のうちにいかに「多賀」のファンにさせるか。ここが指導者としての腕の見せ所だ。

その中でも特に導入は大事。親というのは子どもの入団前から少なからず「少年野球ってこんな感じだよな」「指導者ってこういう感じだよな」というイメージをしているものであり、指導者はその想像をすべて超えなければならない。1週間やったらこうなった。2週間やったらこうなった。こんな短期間でこんなことまでできるようになったのか。そういう驚きを与えられずに想像の範囲内でとどまっていたら、そこから口コミで広まることはないだろう。たとえばラーメン屋に行ったとして、普通の味だったものをわざわざ人に「この店は普通やで」と教えることはない。誰かに喋りたくなるのは、メチャクチャうまかったか、もしくはメチャクチャまずかったとき。そして、ただ「ラーメンが食べたい」という欲求を満たしてあげるだけでなく、「このお店のラーメンがまた食べたい」と思わせることができれば、ファンが増えてどんどん繁盛していくものだ。

つまり少年野球においても、特に初めて来た人や入団して間もない人に対しては「このチームはすごいで！」と思わせること。そして、日々の活動でどんどんファンにさせていくことが重要だ。そもそも私たちは学校の部活動ではなくクラブチームなので、人がいなければ野球の指導がどうこうなんて言っていられない。だからこそ、「このチームで野球がしたい」とか「ここで野球ができて良かった」という思いにさせていくことが大切だと思っている。

精神的に追い込む「厳しさ」は不要 子どもたちを動かす言葉を考える

野球の指導現場では「厳しさを味わわせることが子どもたちの成長につながる」と言われたりすることもある。しかし、いわゆる〝厳しい指導〟は果たして本当に必要なのか。

そもそも何をもって「厳しさ」なのかというところだが、競争に負けて傷つき現実の厳しさを知るという意味であれば、「多賀」の子どもたちもそれぞれに感じている部分はあるのかもしれない。

夏が終わって新チームがスタートすると、トップチームの場合はまず6年生が試合に出て、足りなければ5年生が入るという完全な年功序列で始まるが、目標としている夏の全日本学童大会やその予選に関しては、ベンチに入る20人もスタメンで試合に出る9人も学年を問わずに選ぶ。そうやってレギュラーを外れたことに少なからず子どもたちは傷ついているかもしれないし、彼らは純粋に楽しい野球ができて満足していても、親はやはり「レギュラーにならせてあげたい」と思っている。私たちは競争を促したいわけではないので、この部分はできるだけあやふやにするようにしている。だが子どもたちも保護者も、どれくらいのレベルにいるかは気付いていると思う。

また、息が上がるような練習をして体力的に苦しいという意味では、厳しさがないこともない。グラウンドが使えない状況のときには周りのアスファルトの部分を使って駅伝やリレーをしたりもするのだが、この方式にするとみんな全力で走り切るため、かなり体力は消耗する。ただこの場合、雰囲気としてはワイワイ騒ぎながらすごく盛り上がっているので、子どもたちは「厳しい」とは感じていないと思う。

一方で、だ。子どもたちを精神的に追い込むような指導をして「厳しい」と思わせることなどは絶対にしない。「こんなことでは試合に出られないぞ」なんて言い方は間違ってもしないし、上から押さえつけることで「なにくそ」と思わせて跳ね返りを期待するようなこともいっさいしない。

野球界にいるとどうしてもそれが必要なことのように思い込んでしまいやすいが、そもそもそのやり方は不要。今のように「世界一楽しく」を掲げていても子どもたちはみんな真剣に野球にのめり込んでいるし、精神的に追い込むような指導をしなくてもちゃんと成長するものだ。

もちろん、追い込むことによる〝厳しさ〟を全否定するつもりはない。実際に私も過去にそういう指導をしていた時期が長くあるし、グッと押さえつけたところから一気に解放した途端、ピュッと跳ね上がって「おっ、すごいな。こんな能力を発揮しよるんや」と思ったこともたしかにある。その効果が実際少なからずあるからこそ、指導者はそのやり方から抜け出せなくなってしまう。そして、それまでの指導を正当化しようと思うから、変わらずに選手を追い込むような言葉をパッと投げ掛けてしまう。

だが、じゃあその成長の度合いはどれくらいかと言うと、ほんの数％程度。私の中では、あるかどうか分からないという感覚だ。逆に指導者が子どもたちのストレスをなくすことに集中していったほうが、いいアベレージでずっと成長していってくれる。追い込むような指導などしなくても、間違いなく育成はできる。

だからと言って、子どもたちに何も言わないわけではない。注意や指摘などはもちろんしているし、ダメなことはダメだとハッキリ言っている。ただ、その手段として大声を張り上げて怒鳴ったり、罰を与えて精神的に苦しめたりということはないのだ。できるだけその子のプライドを傷つけないような言い方をして、気持ちを次に向かわせるような言葉掛けをしている。

これは私だけではなく、コーチにも保護者にも心掛けてもらっていることだ。人間の良いところは、言葉を使って表現できるという部分。だから、大人はそれを利用して相手に意図を伝えればいい。言葉を喋れないから「泣く」という方法で表現するのが赤ちゃんであり、言葉だけではうまく伝えられないから感情もそのまま表現していくのが子ども。そして感情とは切り分けて、考えた言葉で事実を伝えられるのが大人だと思う。

指導者や保護者の中には赤ちゃんのまま大人になり、感情のまま動いている人がたくさんいると思う。そう言う私も恥ずかしながら、日本一になる少し前までは少なからずその部分が残っていた。ときには厳しい言葉で追い込んだり、ビシッと叱ったりすることもあった。ただ、そういうときというのは基本的に感情が先行していて、実は「指導」にはなっていない。「怒る」と「叱る」は違うという意見もあるが、どちらもやっていることは一緒。そうではなく、何かが起こったときにはその事実に対して「注意」「指摘」をして、そこから何をさせたいのかをすぐにハッキリさせる。そしてパパッと次の方向へ向かえるように子どもたちを導いていく。これが「指導」だ。

そこに気付いたのは40代後半と遅かったが、それからは保護者がすごく信頼してくれるようになったと思う。そして、もともとグラウンドにたくさん親がいるチームではあったが、その雰囲気が一段と明るくなった。これも「多賀」にとってすごく大きなことだった。

感情をすぐ言葉に乗せてしまう指導からどうやって脱却したのかと言うと、まずはいったん黙り込まなければならない。ガーッと怒っていたのをいきなりやめようと思っても、今まで反応していたわけだから、最初のうちは自然と腹が立ってしまうだろう。ただ、それでもずっと我慢して黙り込んでいると、だんだん腹が立つという感情自体が薄くなってくる。そうしたら次は、頭の中で言葉を見つけていく。「このときには何を言ったらいいんだろう」。「この言葉とこの言葉だったらどっちのほうがいいかな」。「最終的にはこうしてほしいというのが目的だから、こうやって言えば動くかもしれないな」。そう考えるとすごく冷静になり、子どもたちを褒めることも増えてくるのだ。また、ただグラウンドだけの立ち居振る舞いを変えるだけではダメ。車を運転しているときも、ランチを楽しんでいるときも、「相手にストレスを与えない運転は？」とか、「ウエイトレスさんが喜んでくれる会話は？」とか日常生活から訓練していかなければ変わっていかない。

ちなみに、「多賀」の場合はありがたいことに保護者も考えて喋れる人たちばかりなのだが、野球界全体では行き過ぎた「指導者の暴言」だけでなく「親の暴言」も多いと聞く。「指導者がこんなことを言った」と文句を言いながら、自分も家では子どもに平気で暴言を吐いていたりする。子どもたちからすればいつも一緒にいて信頼している存在なだけに、指導者から言われるよりもよっぽど辛いのではないだろうか。「指導者の暴言をやめよう」ではなく、「大人が暴言を吐くこと自体をやめよう」という世の中にならなければいけないと思う。

全員が同じグラウンドで練習してチームとしてのつながりを深める

これまで33年間、私が変えずに貫いていることがある。どれだけ人が多くなっても、指導者全員がすべての子どもを見るということだ。

つまり、役割分担をしないということ。この人が打撃を指導してこの人が守備を指導するとか、この人が6年生中心のAチームを見てこの人が5年生中心のBチームを見るとか、そういう棲み分けはしないようにしている。もちろん、練習の中で各指導者がそれぞれに得意な分野を教えることはあるし、試合の会場が分かれる場合などは「○○コーチが○年生のチームを担当する」などと決めたりもする。ただ、この先メンバーが100人や200人になろうとも、基本的には指導者全員で子ども全員を見るシステムは変わらない。

それはなぜか。

昔、多くの部員数を抱えるチームと全日本学童の滋賀県大会で対戦したときのこと。私たちは当然チーム全員で会場に行き、ベンチに入らない子どもやその親も一生懸命にスタンドから応援してくれていた。その一方で相手チームはと言うと、6年生中心のAチームの関係者以外は誰も来ていない。どうやら世代別にチームを分けて活動していて、5年生や4年生などはグラウンドで練習をしているとのこと。当時20代とまだ若かった私は「あといくつか勝ったら全国大会に行けるような大舞台なのに、1つのチームとしての仲間意識はないのか」と衝撃を受けた。

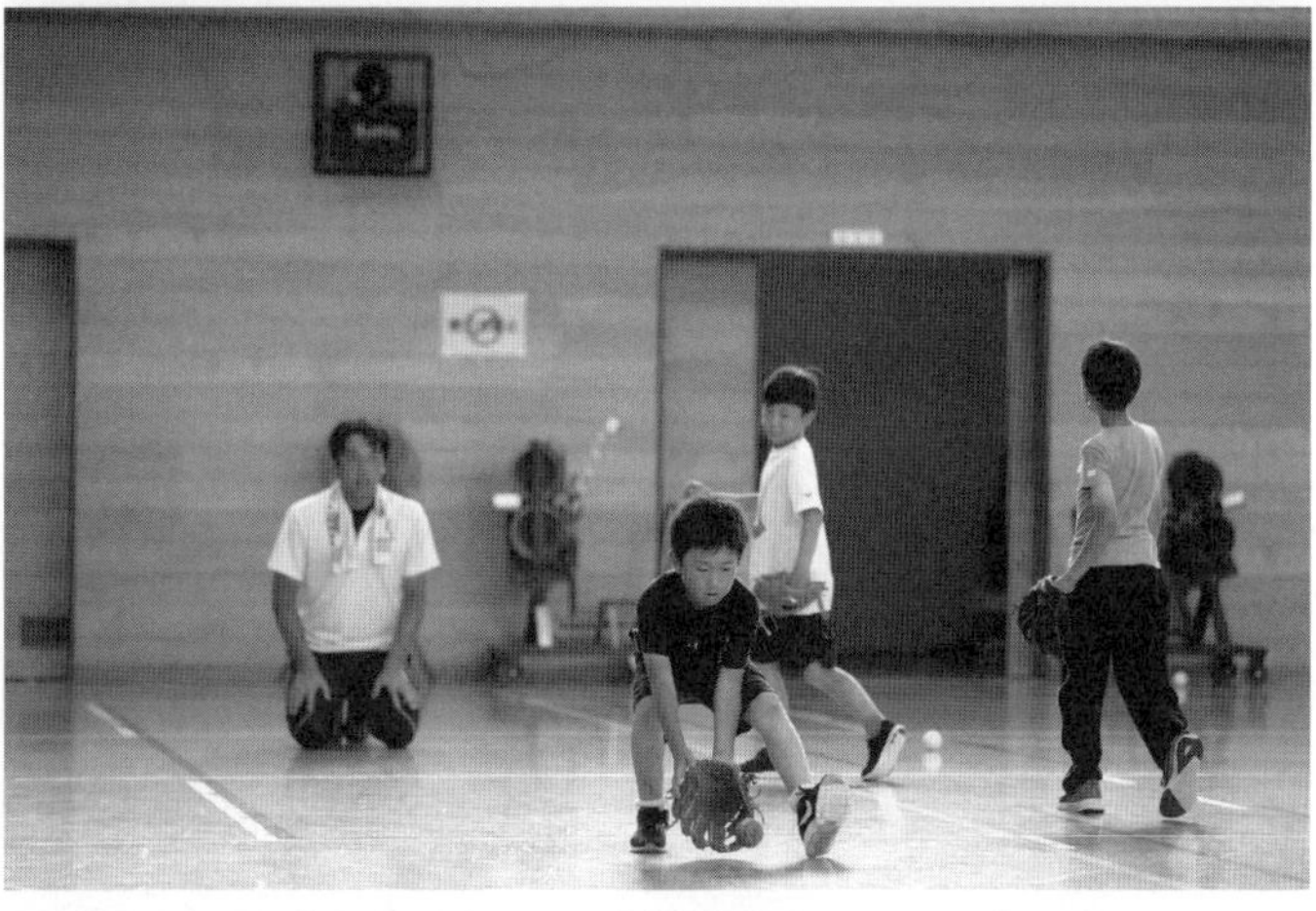

滝の宮スポーツ公園野球場や隣接している体育館を利用し、チームを数か所に
振り分けて練習している。指導者たちは巡回しながらアドバイスを送る

　また相手監督と話してみたところ、そのチームには世代別に監督がいて、自分が担当している学年以外のことを悪く言ったりすることもあるのだと。そのときに「こういうチームはなりたくない」と強く思った。

　だから、指導者の中で学年別や部門別の担当はつくらない。そして場所もできるだけ分けず、全員が同じ空間（グラウンド）で練習できるようにもしている。もちろんスペースの関係で時間帯を少しずらしたり、悪天候の場合はホームグラウンドとしている滝の宮スポーツ公園の体育館や優先的にお借りしているB&G多賀町民グラウンドの屋内多目的運動場など、練習場所を分けたりすることもある。また年代によって力やスピードのレベルが違うので、ケガをさせないためにも練習内容はチームごとに分けている。ただ基本的にはグラウンド内を数か所に振り分けて使い、こっちではこの練習、あっちではこの練習というふうに進めていく。そして、私たち指導者は時間を見ながらそれぞれの練習をグルグルと回り、気付いたことをアドバイスしていく。

　このシステムで練習をしていると、何よりもグラウンドの中に活気が生まれてチーム全体が明るくなる。学年を隔てて親子ともに縦のつながりも強くなり、たとえば私たちが開催している3年生以下の大会「多賀グリーンカップ」では、5～6年生が親子で裏方として手伝いながらメチャクチャ大きな声で下級生を応援してくれる。すると応援された下級生は、今度は上級生のお兄ちゃんたちが大会に出るときに「応援に行きたい！」となる。その親も当然、同じ思いを抱いている。そしてその子らはお兄ちゃんたちに憧れて普段から真似をするようになり、いざ上級生になったときには「自分も小さい子たちから目標にされたいなぁ」と思って優しく接するようにもなる。

上下のつながりというのは、普段の学校生活などではなかなか味わえないことだと思う。こういう関係性を大事にして、1つのチームになっていきたい。だから学年にかかわらず、子どもも親も指導者も全員が同じ場所にいて、みんなが「全員の名前を知っている」と言えるような環境をつくっている。

ただし、1つだけ例外がある。野球を始めたばかりの初心者の子や幼児も含めた低年齢の子。このカテゴリーは先ほども言ったように大事な導入部分になるので、必ず私が指導するようにしている。

指導法や練習内容についてはコーチもしっかりと理解してくれているのだが、やはりベテランのコーチでもチームに入って十数年。私の33年と比べるとキャリアに大きく差があり、同じ練習をしていても言葉のバリエーションが違う。また、私がそれぞれの子の育成ビジョンを描きながら指導をするのに対し、コーチに任せた場合はどうしても「監督のメニューをこうやってやればいいんだな」と思いながらの指導になってしまう。目指しているのは子どもたちにメチャクチャ楽しませて、なおかつ間近で見ている親の想像を超えるくらいに早くうまくさせてあげること。これがテーマにあるので、私が直接見るということにこだわっている。

見守り当番制を敷きながら親子で楽しめるチームを目指す

少年野球（スポーツ少年団）においては、保護者の協力が不可欠だと思っている。これは子どもの送り迎えや練習のサポートなどチームの運営をスムーズに行なう意味でもそうだし、家での時間を大事にしてもらうという意味でも言えることだ。

実はチーム創設時などは、私は子どもたちだけを集めてひっそりと練習していた。だが、そのうちに「子どもがこれだけ一生懸命にやっているんだから」ということで保護者も協力してくれるようになり、2～3年目あたりには保護者会を結成。こうしてサポート体制ができて、熱心な親御さんたちが練習の手伝いをしてくれるようになった。

そこからはいったん転換期が訪れる。1990年代前半にJリーグが発足し、サッカー人気が大爆発。一方で野球人口が一気に減っていったため、「今後は親への負担が野球離れにつながってしまうのではないか」と危惧し、「協力は要りません」と言って保護者の当番制も廃止した。さらに負担の量がチームへの不満に比例すると考え、もともと大型自動車二種免許も取得していたので中古バスを自腹で購入。ここから、遠征時などは私がバスを運転して全員を連れていくという習慣が始まった。

現在はと言うと、「親も楽しい少年野球」を掲げながら当番制も復活させている。正確に言えば「見守り当番制」。2か月に1回くらいのペースで当番が回ってきて、グラウンドで「見守りさん」として子どもたちのサポートをしてもらうのだ。

それと、もともと「多賀」に入団条件はないのだが、幼児から小1までの子に限っては「土日祝の2～3時間程度の練習に一緒に親が付き添える人」という条件をつけている。もちろん付き添えないからダメということはなく、まったく付き添えない場合はその日を休んでもらえれば良いし、付き添えるわずかな時間だけ参加してもらう

多賀では保護者の負担軽減のため、見守り当番制を採用している

形でも良い。

入団時にこれだけちゃんと理解してもらえば、あとは2年生以上になったら子どもと一緒に集合時間に来てポンとチームへ放り込み、終わる時間に迎えに来てもらえればそれでいい。忙しい親御さんもいるので、当番の日以外は子どもから離れてまったくグラウンドに顔を見せなくても構わない、とも伝えている。

そしてここからは「親も楽しい少年野球」の部分だが、練習中には親御さんたちにもグラブを持って一緒にグラウンドへ入ってもらう。私たちが指導する内容も聞いているはずなので、「よし、じゃあお父さんお母さんも1回やってみよか。そうしたら感覚も分かるし、子どもにもアドバイスできるようになるから」と言って、キャッチボールをさせたりノックを受けてもらったりすることもある。さらに夕方17時頃に練習が終わったら「じゃあノック行くで」「紅白戦やろうか〜」。「多賀〝壮年〟野球クラブ」などと名付けて親同士で遊ばせていると、それを見た子どもたちがヤジを飛ばして楽しんでいる。「多賀」ではそんな光景もめずらしくない。

子どもたちと一緒に体を動かして野球を経験し、楽しさを共有しながら一緒に成長していく。その流れの中で「協力」という言葉を使わなくとも率先して動いてもらえているから、結果的にお手伝いにもつながっている。親がやっていて楽しくないことは、子どもがやっても楽しくないはず。そんなスタイルなので、保護者には子どもと一緒にグラウンドへ遊びに行くような感覚を抱いてもらえているのだと思う。

昨今、野球界では「野球離れを防ぐためにも親の当番制はなくしたほうがいい」などという意見が出ているが、すでに20年以上前に実践している私からすればその見解はかなり古い。それが理由で敬遠されることもまったくゼロではないとは思うが、今はもう「ここで野球をやらせたい」と思ったら、親はそのチームに子どもを入団させるのだ。

そもそも多賀町の人口自体が減っているのにもかかわらず私たちのチームの人数が増えているのは、県内全域から子どもたちが集まってくるから。また、なかには車で片道数時間をかけて県外から通ってくる子も何人かいる。通いやすい地元のチームに入らず、そこまでしても「多賀」に来るのだから、今は親の負担があまり大きなウエイトを占めておらず、ものすごく慎重にチームを吟味して「選んで入ってくる時代」だということだろう。ましてここ2年ほどはコロナ禍のため、子どもがずっと家にいることが多い。我慢して行き場がなくなった子どものためにも、何か外で思い切り体を動かせる方法はないか。しかし、親だけでは限界がある。じゃあスポーツ少年団に入ろうか…。親がそういう発想をしている時期だからこそ、さらに人数が増えていったのだとも思う。

ちなみに先ほど、「みんなが楽しめる場所」という意味でグラウンドは「ランド」だと言ったが、私たちはホームグラウンドの滝の宮スポーツ公園を「滝の宮ランド」と呼んでいる。東京ディズニーランドやユニバーサル・スタジオ・ジャパンなどのテーマパークというのは、前日の夜から眠れなかったりするもの。野球をしているときが楽しいと思わせるだけでなく、行く前から「明日は野球がある。楽しみやなぁ」と思ってもらえるチームづくりをしたいのだ。

だから、子どもたちにはグラウンドで夢中にさせておいて、まだ少し物足りないくらいのところで「今日は時間がないからもう終わろう！」と早めに切り上げたりもする。腹いっぱいにまで練習をやりすぎると逆に飽きてきて、集中力を欠いてダラダラとした練習になりがち。そうならないように「えぇ〜！　まだやりたい！」「また来週までないのかぁ…」と残念そうに帰らせるくらいがちょうどいい。「次はもっとこういうプレーがしたい」といった発想も生まれてきて、また次の練習日が楽しみになるだろう。そういうことを常に考えながら、私は日々の指導にあたっている。

卒団した子だけではなく退団した子も快く送り出す

練習の体験や見学の希望者が来たとき、私はその親にまず「どこのチームで野球をやってもいいですよ」と伝えている。そして「他のチームもいろいろ見てくださいね」とも。そうすると他のチームに選手が行ってしまう可能性もあるように思えるが、私たちとしては逆にそのほうが周りとの違いを理解してもらえるのでありがたい。そして実際親御さんから「ウチの子が『楽しいからまた次も行きたい』って言うんです」と、もう一度来て入団するケースが多い。

今の時代、体験初日にいきなりそのチームへ放り込んでしまうような親はいない。先述の通り、いろいろなチームを見て選びたいと考えている人がほとんど。だからどういう指導方針でどういう雰囲気なのか、見たり聞いたりしたくて見学に来るのだ。そのときに、根拠のある練習をしていることを指導者がしっかり説明できるかどうか。そして子どもに練習を体験させたとき、指導者がしっかり楽しませることができているかどうか。それが「ここで野球がやりたい」という思いにつながるわけで、指導者がどれだけ勉強しているかが問われると思う。

私たちの場合はありがたいことに、体験に来た人の9割以上がそのまま入団を希望してくれる。そして、卒団後もOBやOGがグラウンドによく顔を出してくれる。卒団式のときには子どもたちに贈る言葉を掛け、寄せ書きなども渡しているのだが、最後に必ず言うのは「悩んだときはいつでもグラウンドに戻って来てくれ」。人生の節目——進学先や就職先が決まったり、成人したり結婚したり、子どもが産まれたりしたときにも報告に来てくれる。また、今では昔の教え子が自分の子どもを入団させてくれたりもしている。そういうつながりというのはものすごく嬉しい。

その一方で、途中からチームを去っていく人もまったくいないわけではない。最近では、5年生の子でこんなケースがあった。

子どもが小学校高学年あたりになると、野球の実力的にはチーム内でどれくらいの位置にいるのかというのが少しずつ見えてくる。「多賀」には〝野球が勝手にうまくなる仕組み〟（詳しくは次章）があるので、もちろん一般的に見れば同学年の並の選手以上のレベルにはなっているのだが、現状は試合に出るのがなかなか難しい。そのあたりも親御さんがしっかりと見極めた上で、「残り1年間は地元の小学校のチームで野球をやらせたいんです」と。ただ、それでも「本当に楽しかったですし、野球もうまくしてくれて本当にありがとうございました」とものすごく感謝をしてくれた。

相談を受けた私はその場ですぐに「よっしゃ、分かったわ」と言って移籍する予定のチームの監督に電話をかけ、「○○っていう真面目な子がウチから行きますんで、よろしくお願いします」と伝えた。さらにチーム全体のグループLINEにも「○○が移籍します。これから頑張ってやってもらえるように、みんなで快く送り出しましょう」とメッセージを送った。親御さんから退団話を聞いてからまだ20分程度。「監督、それは早すぎますって（苦笑）」と言われたが、相談した時点ですでに答えは決まっているのだから、基本的には早いうちに言ってしまったほうがスムーズに事が運ぶだろうというのが私の考えだ。

このパターンによる退団が実は2つ続いたのだが、何よりも嬉しいのは現在、その2人がそれぞれのチームでエースになって活躍しているということ。また移籍したチームの監督に話を聞くと、「彼が来て雰囲気がすごく良くなりました」とか「チームが変わりました！　ありがとうございました！」と言ってもらえた。「多賀」で育った子が他のチームにもいい影響を与えているというのだから、最高じゃないかと思う。

少子化が進む世の中で、指導者はどうしても自分のチームの存続に目が行きがちになる。もちろん人を集めるのは大事なことで、だから退団しようとする子を全力で引き留め、その子が移籍したら素直に喜べないという人もいるのかもしれない。また、大会で対戦する可能性のあるチームへの移籍となれば、作戦の考え方や子どもたち同士で出し合っているサインの出し方などが知れ渡ってしまうというリスクもたしかにある。

しかし、そもそも私たち少年野球の指導者にとってのゴールは、子どもたちに野球を大好きになってもらうことだ。他のチームでもやりたい。中学や高校へ行ってもやりたい。そう言って野球を続けてくれるだけでも嬉しいものだし、もし野球を途中で辞めたとしても「あの頃は野球をしていて楽しかったなぁ」という思い出が残ってくれれば十分だろう。「多賀」の場合はたとえば移籍した子と試合会場で会ったら、何のわだかまりもなくみんなでワーッと仲良く喋っている。そしてパッとその子の両親を見ると、実にいい表情をしている。形としては「卒団」ではなく「退団」だが、その姿を見るだけで本当に良かったなと思う。

野球の試合で一度に出られるのは９人。だから実は一時期、「人数が増えても1学年9人まで」と決めたこともあった。でも私自身、野球をしたい子どもがどこでも野球を始められるような世の中になってほしいと願っているのだから、制限をかけるのはおかしい。そう思い、今は入団希望者を全員受け入れている。人数が増えている現状を考えるとやはり、今後も「最後は地元のチームに移りたい」というケースは増えてくるかもしれない。だがそれはそれで良いと思うし、むしろ「あの子はもともとウチにおったけど辞めよったんやで。でも今は向こうでちゃんと頑張ってんねん」と、堂々と言っていきたい。みんながそういうことを喜べる時代になってほしいと思っている。

滋　賀
多賀少年野球クラブ

第2章　選手がうまくなる仕組みと指導

初心者や低年齢の子どもにはまず「投げる」「捕る」の技術を身につけさせる

ここ数年の「多賀」には各学年でチームが組めるほどの人数がいる。また私たちの方針は、全員ができるだけ同じグラウンドで過ごすこと。だから当然、練習をいかに効率よく回して、その中でいかにみんなをうまくしてあげるか。その仕組みづくりが大事だと考えている。

現在の練習の進め方を説明すると、まず日程としては土日と祝日が最長9時から17時まで練習や試合。さらに平日は火曜と木曜の週2日、18時から20時40分までグラウンドを開放して自由練習という形を取っている。ただし幼児から小1まで、また低学年の初心者の子などは土日と祝日のみ、それも1日2〜3時間程度に限定。第1章でも説明した通り、ここはチームの中での導入部分で「特別期間」だと考えているので、全体で回している練習とは少し離れたスペースで私が直接指導をしていく。

初めて練習に来た子や低年齢の子にどんな指導を施しているのか。実はここに1

つ、「多賀」の子どもたちはなぜみんな野球がうまくなれるのかという理由がある。

簡単に言ってしまえば、このカテゴリーの子どもたちには私たちが目指す〝多賀野球〟の基礎を教え込んでいる。

まずは技術について話していこう。

入団した子どもにはまず、「ボールを捕る練習」と「ボールを投げる練習」を別々にやらせていく。そして親御さんにまず言うのは、「いきなりキャッチボールなんて絶対にさせません。（特に）お父さん、絶対にやらないでくださいね」と言う。初心者の小さい子にいきなりキャッチボールをやらせるというのは、ケガにつながる可能性もあってすごく危ない。さらに勢いのあるボールは痛いので恐怖心がなかなか抜けなくなってしまうし、正しい技術も身につきにくい。グラウンドの中で思い切りプレーできる選手になるためにも、捕ることと投げることを分解して、それぞれの動きをそれなりのレベルに高めてあげることが先決なのだ。

具体的な内容で言うと、たとえば「投げる練習」はこんな感じだ。

「はい、両足開いて～。ボールを持って右手を頭！　グラブを持って左手を腰！で、ここから背伸びしてクルッと（体が）回って、あそこ（壁）に向かって投げるんや」

壁際には本塁ベースを置き、一応ストライクゾーンの方向性だけは頭の中のイメージに刷り込んでいく。これが内野手の投げ方の基本になる。

続いて、外野手の投げ方も教える。

「よし、今度はもっと遠くに投げてみよう。あそこに（低い）ネットがあるやろ？ここ（マウンド）からあそこ（数メートル先）までバーッと走っていって、ネットの前で止まってボールを投げる。みんな、ネットを越えられるかな？」

さらに投げる距離を延ばすためには「あそこ（本塁ベースの位置あたり）にもう1枚ネットが増えたで〜。あれを越えられるかな？」。そして「上に投げたいんやったら肩を上に向けていかなあかんよな」、「遠くに投げるんやから勢いつけたほうがええよな？　じゃあ最初は手をダラーッとさせて走っていってみようか」などとアドバイスも入れていくと、子どもたちはどんどん体を大きく使って投げるようになる。

では、「捕る練習」はどうか。

まずは子どもたちを2列に分ける。そして数メートル先にカゴ、その途中にボールをそれぞれ設置。「よーいドン！」の合図でダッシュして、地面に置いてあるボール

シンプルな掛け声で子どもたちに正しい技術が自然と身につく多賀流指導

をグラブで拾ったらカゴに入れ、またダッシュで元の位置に戻っていき、隣の人とどちらが速くゴールできるか競争をする。しばらくやっていると、握力の弱い子どもたちでもグラブでしっかりボールをつかむ感覚を覚えていく。

そうしたら、次はこう話す。

「今はみんなボールを上からつかんだよな？　でもな、もっとスピード出すんやったら、こうしたほうが速いで」

そう言って、私が実際にボールの位置までダッシュ。グラブを下から出して捕ったらそのままの勢いでカゴに入れて、ダッシュで戻るというお手本を

子どもたちに「やってみたい」と思わせることが大事

見せる。

練習メニューは基本的に、最初のうちは何もアドバイスせずにやらせている。その上で「こうしてみたらもっとええで」と促す。いきなり「グラブはこういう使い方をしなさい」と押し付けるのではなく、いかに子どもたちに「やってみよう」と思わせるかどうかが大事だ。

グラブを下から出すことに慣れてきたら、今度は私がカゴの位置からボールをゆっくりと転がしてあげる。すると自然に、走りながらボールに向かってゴロを捕れるようになっていく。

その後は、ベンチなどの障害物を置

いて昇り降りをさせてからボールを拾ってカゴに入れるようにしてみたり、あるいは転がってきたボールを捕ったらネットの手前まで走っていき、そこから「外野手の投げ方」の要領で遠くのネットを越えるように投げさせたり。さらには「速いゴロ」「バウンドの多いゴロ」「高く弾んだゴロ」などのバリエーションを加えたり。こうして動きの中で「ボールをグラブでつかむ」「グラブを下から出してボールを拾う」「転がってきたボールを捕る」「ボールを捕ってから投げる」「バウンドを合わせて捕って投げる」と順序立てて経験をさせていくと、〝球遊び〟で楽しんでいるうちにいつの間にか「ゴロ捕球」の一連の動作ができるようになっている。しかも恐怖心がないまま技術が身についているので、思い切りボールに向かっていけるのだ。

また、これとは別にフライを捕る練習もする。

当たっても痛くないように柔らかいボールを使い、マシンでポーンと小さなフライを上げるか、もしくは手でボールを軽く投げ上げる。ここで大事になるのは、体の正面（特に顔）にボールを上げないこと。自分の体に向かってくるボールはやはり怖いものなので、子どもたちには「逃げながら捕るんや」と言っている。

右へ逃げながら体の横で捕る。左へ逃げながら体の横で捕る。まずはバックハンドで捕るほうから始めると、ボールに対してグラブを正しい角度で向けやすい。これで捕れるようになったら、次はフォアハンド。そして捕球の感覚をつかんだら、最後に正面へ投げてあげる。この繰り返しで少しずつ距離を長くしていき、フライも高くしていくのだ。

よく「基本は体の正面だ」「逃げずに正面へ入れ」などと言われるが、いきなりそれをやっても子どもたちはなかなか感覚がつかめない。しかし「逃げながら捕る」と言ってあげることで、「逃げてええんや」と気持ちが楽になり、正面のボールよりも難しい横のボールから捕っていくことで技術も自然と身につく。最後に最も簡単な正面のボールを捕ることで、怖がらずに余裕を持ってフライを捕れるようになる。

戦略と戦術も教え込んで最終的には「脳サイン野球」を実践

実際に指導していると分かるのだが、初心者や低学年の子というのは成長する度合いが最も大きく、コツをつかむとどんどん吸収して一気にうまくなっていくものだ。

そんな「特別期間」のうちに単調な練習をさせていると、子どもたちは「面白くない」と感じて野球を辞めてしまう可能性も出てくる。だから私は手を替え品を替え、ゲーム性のある練習で飽きさせずに楽しませようと思っている。私の頭の中にはパッとアイディアが浮かんできて、その場で「これを使ってこういう練習をしたら野球のこういう動きにつながるよな」と思いついた練習法をやってみることもよくある。さらに「おぉ～！　いいねぇ！」「だいぶ上手になってるやん！」「すごない？　天才やで！」「あぁ～、惜しぃ！　もうちょっとや！」「よくできました！　みんな拍手～！」などと、どんどん声を掛けて雰囲気も盛り上げていく。手前味噌になるが、この活気のある幼児や低学年の表情を引き出せる指導が、自慢の１つだ。

さて、こうして指導しながら私が「この子は一定のレベルをクリアしたな」と判断したら「よっしゃ、卒業や！」。そして、他の子どもたちが行なっている「多賀」の通常練習に入っていく。ここに少しでも早く一人ひとりを送り込んでいくのが初心者と低学年の練習における私の仕事であり、通常練習をしている子どもたちの間にも「お～！　待ってたで～！」と両手を大きく振りながら歓迎するムードがある。

通常練習は〝勝手にうまくなる仕組み〟だ。メニューとしてはいわゆる「１か所バッティング」。アーム式のマシンを使って一定のリズムで自動的にポンポンとボールが出てくるので、バッターはひたすらそれを打っていく。他の子どもたちは守備に就き、飛んできたボールを捕ったらネットや周りの大人に向かって投げる。このスタイルで2分間隔で守備もローテーション。これならばバッティングも数をこなせるし、どこに行くか分からない生きた打球が飛ぶので実戦に近い守備練習にもなるし、全員がさまざまなポジションを経験できるので効率が良い。

また、その空間を飛び交う打球や送球の強さやスピードを考えると、たとえば6年生と1年生が一緒にやるわけにはいかないので、野球のレベルを考慮しながらグループを分け、数か所の同時進行で行なっている。順番待ちの時間があるわけでもなく、全員が自由に伸び伸びと動いている。だから、勝手にうまくなる。もちろん1か所ずつに必ずコーチを配置し、保護者にも球拾いとマシンへのボール補充などを手伝ってもらう。そして私は各場所をグルグルと回りながら、声を掛けたりアドバイスをしたりする。

これが「多賀」の子どもたちの土台となる練習であり、ここでケガをさせたくないからこそ、「特別期間」のうちに捕ることと投げることをしっかり身につけさせてお

かなければならない。逆に言えば、この通常練習に乗せることさえできれば、あとは経験を積んで勝手にうまくなっていくのだ。そして、子どもたちの成長を見極めて1つ上や2つ上の学年のチームに入れたりもしながら、最終的にトップチーム（Aチーム）の一員となっていく。この流れがあるから、「多賀」の子どもたちはみんなある程度の技術レベルに辿り着ける。

…と、ここまでは技術の話をしてきたが、子どもたちには入団したときから野球の考え方も教え込んでいる。つまり、試合での戦略や戦術の部分だ。

私は試合中、頭の中で将棋のように野球盤を常に動かしている。イニング、ボールカウント、アウトカウント、走者の状況、試合展開などを踏まえ、相手がこう動いてきたらこちらはこう動く。あるいは、こちらがこう動いて相手をこう動かしていく。攻撃ならば、ランナーはこう動いてバッターはこう攻める。守備ならば、バッテリーはこう考えて野手はこういう守備隊形を取る。数学的な推理で、その状況で何をすればうまくいく確率が高いのか、一瞬のうちに判断しているのだ。

こうした攻撃面と守備面の方程式は、もともとは私が頭の中で分かっていればいいものだと思っていた。だから試合になれば、私がサインで子どもたちを動かしていた。それでも勝つことはできたのだが、現在はそれを子どもたちにも一から説明するようになった。

教え方としては親子を全員集合させてホワイトボードを使いながら私が説明する、いわゆる座学のスタイルだ。もちろん幼児や低学年の子などは理解できるはずもないのだが、「何を言っているか分からへんやろ？　ボーッとしときな。自然と分かるようになるから」と言いながら話を続ける。ここでは保護者にも聞かせるということが重要で、親御さんの頭の中のハードディスクにいったん私の考え方をすべて入れてしまえば、いざというときには自分の子どもと野球の会話ができるようになる。実際、野球経験のないお母さん方も理解を深めてくれている。またこの座学は内容も話の組み立て方も常に一緒なので、何度か続けていくと子どもたちも「あ～、分かる分かる」と言って聞くようになる。私が「ここで何が大事やと思う？」なんて聞くと、子どもたちは「〇〇！」とすぐ答えるようになる。

初心者や低学年の子にそこまで指導するチームはなかなかないと思う。だが、私たち「多賀」が目指しているのは「自分で考えて動く野球」。それを実現するためには、しっかりと段階を踏まなければならない。

低学年のうちにしっかり座学で野球を叩き込めば、試合中の確認も少なくて済む

低学年のうちはとにかく詰め込み教育の座学。「野球とは何ぞや」というベースの部分を子どもたちの頭に入れていく。ここはたくさん引き出しをつくっている段階で、しっかり教え込まなければならないので手間は掛かる。ただ、いったん覚え込ませてしまえばその後は一気に楽になる。

中学年の間には実戦練習や紅白戦、練習試合などを通じて、覚えた知識の中からどの引き出しを開ければいいのかを理解させていく。日々の練習メニューはホワイトボードで説明した戦略や戦術を実践できるようにするためにある、ということもしっかり説明する。少年野球の練習と言うと、ただ漠然とパワーやスピードなどの身体能力アップを図った練習ばかりをしてしまいがちだが、私たちの場合は〝野球力〟を上げることをハッキリと見据えて練習をしているのだ。初めのうちは「こういうときはこう動くんや」とこちらから教えていくのだが、サインを出すと子どもたちは「何が何でもそうしよう」と考えるもの。だから、経験を重ねたら少しずつサインを出さない方向に持っていき、自分たちで考えて判断させる。するとそのうち、私が言いたいことを察して「うん、うん」としっかり肯きながら話を聞くようになる。いつの間にか座学で教えた野球が浸透し、わざわざサインを出さなくても監督と同じ思考ができるようになっている。

そして高学年になったら相手の心理まで読み、動きに合わせて瞬時に対応できるように判断力と決断力をさらに磨いていく。この段階まで来ればもう「次は何をしたらいいですか」と指示を仰ぐことなどはいっさいなく、監督と選手の目がパッと合うだけで意思が通じるようになる。「俺が何を言おうと思っているか分かるか？」と聞けばパッと答えられるので、「そうや。分かってるやん」で終わり。実際に試合では子どもたち同士でサインを出し合っており、私がアイコンタクトをするのは「この場面は仕掛けるのをやめておこうか」とストップを掛けるときだけ。「ノーサイン野球」ならぬ「脳サイン野球」。完全に自分たちで考えて動けるようになっているというわけだ。

練習試合は〝試合〟ではなく〝総合練習〟課題を潰す場と捉えて「今しかできない練習」をする

小さいうちから戦略・戦術の部分を教え込んでおくと、野球の面白さが分かってくる。幼児や小学校1年生では頭の中でパッと野球盤をイメージすることが難しいものだが、1年が経ち、2年が経ち、2年生の終わりくらいになるとだいたい6年生とほぼ変わらないくらいまで野球を理解するようになる。そういう見方が習慣になっているから、「多賀」の子どもたちはテレビで高校野球やプロ野球などを見ていても「なんでここでこう動くんやろうな」とか「こんなプレーやっとったら勝てんわ」といった意見を平気で言える。

野球というのは結局、試合のことを指して「野球」と呼んでいるものだ。フリーバ

実戦を通して教えることで、子どもたちは具体的なシチュエーションを思い描ける

ッティングやシートノックなどを数多くやっているだけでは、たしかに体の動きは良くなるかもしれないが、「野球」が上手くなっているかどうか、すなわち〝試合で使えるかどうか〟は分からない。フリーバッティングで自分に都合のいいボールだけ打って遠くに飛ばしていても、自分の順番が回ってきたと分かった上でノックの打球を上手に処理していても、その技術が試合で発揮されるとは限らないだろう。その部分を養うためには、実戦を経験させていくしかない。練習のときにいくら言葉で説明してもダメ。具体的なシチュエーションを設定した練習もする

練習試合などでミスが出たら、すぐに振り返ってあげることが大事

ことはあるが、それにしても「試合でもこういう場面ってあるよなぁ」ということを実際に体感していなければ理解はできないのだ。

だから「多賀」では、紅白戦や練習試合も数多く組んでいる。今でこそコロナ禍で減っているものの、一時期は年間300や400といった試合数をこなしていたように、実戦はものすごく大事にしている。そして、私は「できるだけややこしいプレーが起こってくれ」と願っている。そのタイミングでパッと説明すれば子どもたちにも「そういうことか」と理解してもらえるし、普段の練習にも「課題を潰すため」「復習のため」といった目的が生まれてくる。

ただし、試合をひたすらこなせばいいというわけでもない。土日や祝日で言うと、丸一日ずっと試合を入れることはない。たとえば午前中に通常練習（１か所バッティング）や「捕る」「投げる」といった技術を伸ばす練習、また打撃や守備や走塁や投球に特化した練習などを行い、お昼を挟んで試合。そしてその後は、試合で出たミスだけをすぐ練習するという流れだ。

さらに言えば試合中も、ベンチの横のファウルグラウンドのスペースなどで練習をしたりする。子どもというのはその場ですぐ振り返ってあげないと、次の日にはもう忘れてしまう。試合後に長々とミーティングをしたり、走り込みなどの罰を課すことで精神力を鍛えたり、時間をかけてずっと悩んだところで、そのプレーがうまくなるわけではないのだ。それならばすぐに練習したほうが、感覚をつかめるし自信もついてくるだろう。「鉄は熱いうちに打て」だ。

私たちはメチャクチャ体が大きくてパワーで圧倒できる〝スーパー小学生〟が中心にいるようなチームではなく、ものすごく速い球を放ったり何本もホームランを打ったりする選手がいるわけではない。その中でコンスタントに結果を残すためには、試合中に想定外のプレーが絶対に出ないようにすること。ビックリするようなトリックプレーなども含め、起こり得るすべてのことを頭に入れておいて、「こういうときはこうすればいい」という準備ができている状態で試合に臨むことが大切だと思っている。

もちろん、試合をしていればミスは出る。だが、子どもたちに「あのときはどうすれば良かったと思う?」と聞くと、「こういう状況だったからこういうふうに動かなアカンかった」と答えてくれる。そこで私は「そうやな。じゃあその練習をやろうか」。能力を上げるアバウトな練習と、「野球(=実戦)」で出た課題を部分ごとに細かく潰していく練習。この繰り返しをして、どんなプレーも「想定内」にするのが「多賀」のやり方だ。

そもそも一般的な「練習試合」のことを、私たちは「総合練習」と呼んでいる。「試合」ではなく「練習」だから何が起こったっていい。むしろ、想定外のことが起こったらそれを克服してうまくなれるチャンスであり、ミスを恐れて無難なプレーばかりしていては損だ。

たとえば投手が先頭打者に対して四球を出して、走者一塁にしてしまったとする。

普通ならチーム内が嫌なムードになり、「ミスはできない」というプレッシャーが掛かるだろう。だが、私はそこで「よーし、無死一塁でしかできない練習しようか〜」と声を掛ける。そうすると投手は思いっきりけん制球を放り、捕手も一塁走者を刺そうと積極的に狙っていく。内野手もバントシフトを敷いたり、少々無理でもゲッツーを狙ったりする。子どもたちの中でも「悪送球になったらどうしよう」ではなく、それとは真逆の「今しかできないことをどんどんやっていこう」という考え方になっているのだ。これを普段から積み重ねているから、「多賀」の子どもたちはいざ試合形式になっても怯えることがない。

なお、総合練習（練習試合）の数が多いということで体力を消耗してケガにつながると思われるかもしれないが、たとえば同じチームと1日2試合を組んだとしたら、1試合目は現在のレギュラーメンバー中心、2試合目は教育的メンバー中心などと入れ替えている。また投球数は60球に制限しているし、ポジションをグルグル回したり選手をコロコロ変えたりもしていて、もちろん投手も全員に経験させている。そもそも「総合練習」なので、何が何でも全勝しなきゃいけないという感覚はない。私の場合はみんなに経験を積ませながら1勝1敗くらいで終わればちょうどいい、くらいの感覚。相手の力量を見て、ベストな布陣で固めて臨むこともあれば、刺激を与える意味でいつもとは違うメンバーで臨むこともある。だから特定の数人に体を酷使させることはなく、当然、投げすぎて肩やヒジを壊すこともない。

小学生はどれだけ理に適った投げ方をしていても、まだ体が出来上がっていないので、ボールを投げすぎるとやはり肩やヒジを痛めてしまいやすいものだ。せっかく野球を好きになってもらえたのだから、ケガで野球を断念させるということだけは絶対に避けたい。「疲れているな」「変な動きをしているな」というのは見れば分かるので、指導者が早いうちに察知して事前に痛みを食い止めることが大切だと思う。「多賀」の場合はコミュニケーションを取りやすい環境をつくっているおかげか、子どもたちが試合に出たくて無理に「大丈夫です」と言うことはなく、痛みが出る前の段階から「ちょっとヒジが張っている」などと正直に伝えてくれている。

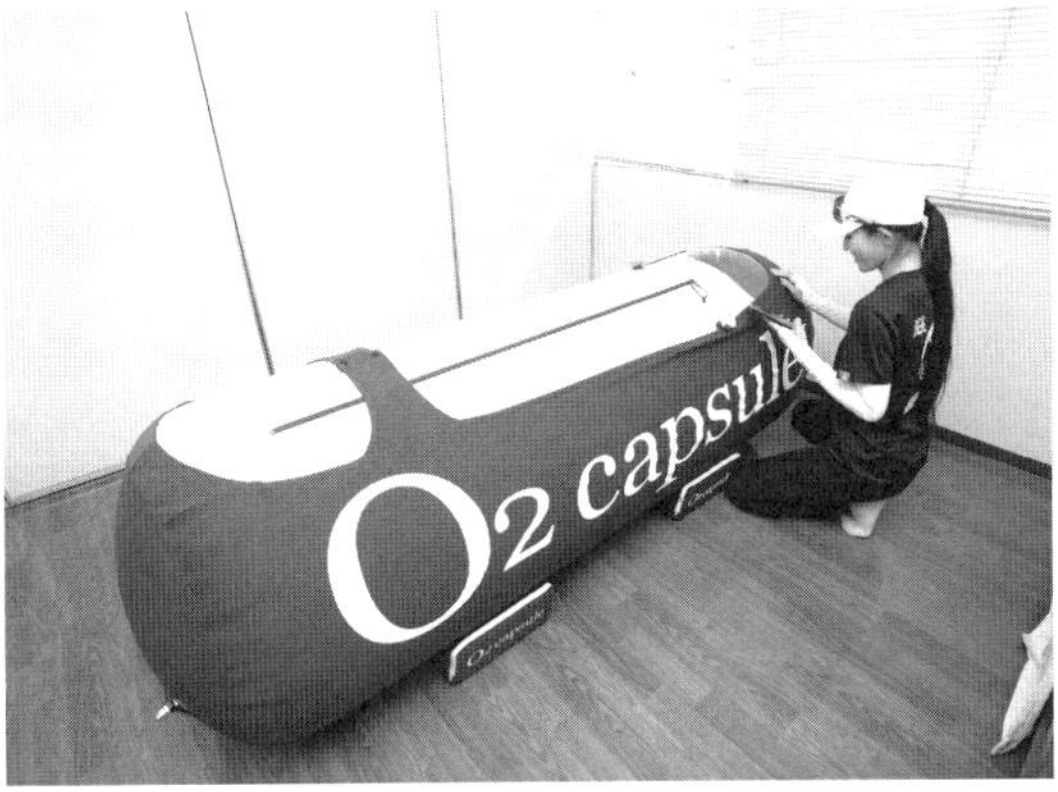

いくら正しい投げ方をしていても疲労の蓄積は免れない。写真(下)のようにメーカーが提供してくれた酸素カプセル室で体力回復をはかることもある

メンバー選考のカギは理解力と判断力
指導者は次のことに目を向けさせる工夫が大事

第1章でも言ったように、チームの編成は初めのうちは年功序列。そこから大会が近づくにつれてメンバーを絞り、最終的には学年を問わずに選んでいく。ではメンバー選考の基準は何かと言うと、まずは各ポジションにおける守備力。そして、野球に対する理解力や判断力だ。運動能力が高いからと言って、必ずしもレギュラーになれるとは限らない。

試合中、私はベンチからさまざまな声掛けをして、子どもたちに「考える野球」を促している。

たとえばこちらが守備のとき。先頭打者に対して四球を出し、その走者に盗塁を決められ、さらに捕手からの送球をベースカバーに入った遊撃手が弾いている間に走者が三塁へ。そこからパスボールで1点が入ってしまったとする。その後、3アウトチェンジで帰ってきた選手たちと、私はこんなやり取りをする。

私「今、なんで1点取られたんやと思う？」
選手「ピッチャーがワンバン投げたから」「キャッチャーが前に落とさないから！」
私「その前にもっとなかったか？」
選手「バッテリーが盗塁を許した！」「ショートがボールを弾いた！」
私「その前にも何かない？」
選手「フォアボール！」
私「どれも正解や！　最初にフォアボールを出したところから4つのミスが始まったんやな。ということは、いろんな理由が重なって失点につながってしまう。逆に誰か一人のプレーで食い止められたということや」

こうして子どもたちに問い掛けるスタイルで会話をし、答えを自分たちの手で導かせていくわけだ。

また、ベンチ内では個別にこんな会話も展開する。

私「（マウンドで投げている投手に向かって）コース、コース！　ここはコースやぞ！　コントロールが大事やで〜！」
控え選手「（ボールカウントが2ボール0ストライクのタイミングになって）監督、

コースが大事っていつ言ったほうがいいんですか？」

私「そうやな。今は2ボールやからコースなんて狙わんよな」

控え選手「あっ、やっぱり！」

私「ここは真ん中でもええからストライクが欲しいよな」

　実際にこう言ってきたのは、入団してまだ数か月しか経っていない3年生だった。ベンチの中でも「こうやったらこうなるのは分かる？」と試合の進め方などを常に話しているので、試合に出ていなくても少しずつ感性が磨かれていたのだと思う。

　そして、私は特に3～4年生あたりまでのチームのときは、試合中は次から次へと目まぐるしく声を掛けている。教え込んできた戦略・戦術の部分をいざ実戦の場でつなげ、瞬時に判断できるようにしてあげることが目的だからだ。

　低学年のうちから詰め込み教育をしているおかげで、もし私が「野球の考え方」という教科のテストをつくって制限時間を1時間に設定したとしたら、おそらく「多賀」の子どもたちは全員が100点満点を取れると思う。ただ、「じゃあ10分以内に解きなさい」「今度は5分以内に解きなさい」と制限時間を減らしていったらどうか。低学年の子には難しく、中学年の子もなかなか苦戦するだろう。だが、野球というの

野球は判断力の競技。ベンチでの普段の声掛けもポイントになってくる

は１つずつのプレーにおける時間が短く、その場の状況を一瞬で理解してすぐ判断しなければいけないスポーツ。そして私が思う「野球」（実戦）がうまい子というのは、単に頭の中の引き出しをパッと開けるだけではなく、あらかじめ引き出しの中も整理している。１年に１回使うどうかというものを奥のほうにしまい込んでいたとしても、「この状況だったらこれが必要やな」と察して、開けたらすぐ取り出せるように手前に持ってきていたりするのだ。そうやって一瞬でパッと正解を出せるかどうかというのは、普段の訓練がモノを言う。矢継ぎ早にどんどん

言葉を掛けているのには、そういう意味合いがある。

言葉の掛け方については前にも言った通り、「怒る」「叱る」ではなく「注意」「指摘」。そして私は、感情をなくして事実だけをしっかり伝えるようにしている。

もちろん、「今のプレーは良くない」「判断力が悪い」などとダメ出しもする。ただ、そこからさらに「何やってんだ！」なんて感情の言葉で責め立てたりはしない。そうすると子どもたちは「怒られている」と気持ちになってしまう。私の場合、事実を事実として伝えているだけ。いいプレーが出たり指摘されたことを改善できたりすれば、「いいぞ！」「やればできるやないか！」と褒めていく。子どもたちも「ダメだ」と言われた次の瞬間にはすぐ褒められたりしているので、叱られて落ち込んでなかなか気持ちが切り替えられないということはない。マイナスの部分の注意や指摘はできるだけ短く簡潔にまとめ、じゃあここから先はどうすればいいのかという内容を長く言ってあげる。「なにくそ」と思わせる精神論ではなく、何がダメだったのかを理解させてすぐ次のことに目を向けさせる。「この言葉を伝えたら本当にその子がうまくなるかな」というのは常に考えている。

得点の可能性が高い「一死三塁」を目指しながら選手が自ら吸収する野球を目指していく

私たちの戦い方は、簡単に言えば「いかに一死三塁をつくるか」。そして「いかに一死三塁を相手につくらせないか」という野球だ。一死三塁は得点の確率が非常に高い。スクイズ、セーフティースクイズ、エンドラン、ゴロGO、相手の守備失策、暴投や捕逸、犠飛…。あらゆる可能性が考えられる。

だから「多賀」の子どもたちは必死に一死三塁をつくろうとする。ひと昔前の野球界でお決まりだった「無死一塁から必ずバントで送って一死二塁」という作戦を見たら、「絶対に点数取れへんわ」と言い合っている。もちろん「相手投手がけん制を苦手としていて三盗ができる」という確信があるときはそれでもいいのだが、とにかく一死三塁をつくるためにさまざまなバリエーションを考えている。

この戦略そのものは大きな柱であり、私がチームを立ち上げたときから変わっていない。ただ、そこに持っていくための手段はそのときの選手、そのときのチームによって変わっていくものだ。長打力のある選手が揃っていれば無死一塁でも強打の選択肢が出てくるし、バントなどがうまい選手が多ければ小技も増えていく。たとえばトップチームにパワーや体格で劣る4～5年生が多く出ている状況で、最後まで「思い切り振ってホームランバッターを目指せ」という指導を貫くのは合っていない。それならば選球眼を磨いて四球を狙えるようにしたり、確実に走者を送れる技術を身につけたり、相手のスキを突く走塁を考えたり。今の環境、今いる選手たちの力で何ができるのかという部分はすごく大事だと思う。

そして、子どもたちにはそこまで考えられるようになってほしい。だからこそ、監督のサインで選手を駒のように動かす野球はしない。

話は少し逸れるが、「監督」が政府で「選手」が国民だとしたら、日本は監督がサインを出して選手がその通りにしか動かない傾向が強い国だと思う。

たとえば新型コロナウイルスの感染拡大にしても、「政府からの線引きがないから分からない」という意見が出たりするが、そもそも大事なのはウイルスを拡散させないことなのだから線引きがなくても自分たちで予防をして、拡散させない行動がどういうものなのかを考えればいい。みんな住んでいる場所も年齢も仕事も違って、状況が違うはず。それを一律に「会食は家族だけとか、４人までならＯＫ」「飲食店の営業は20時まで」などと基準を決めてほしいというのは、「私は人から言われなければ何も分かりません」と言っているのと同じだ。そしていざ線引きをしたら、「その範囲内で行動していれば大丈夫だ」と思ってしまう。まさに、監督が「バントせぇ」とサインを出して選手が「なんでかは分からんけどとりあえずバントをしといたら大丈夫や」と実行している状況。これでは頭の部分の成長を止めてしまうと思う。

そういう意味では、「多賀」の子どもたちが大人になって社会を変えてくれるんじゃないかという期待もある。周りから言われたことに対して「これをやっていれば大丈夫だ」と考えるのではなく、自分でちゃんと考えて行動に移し、そこに責任を持っていく。野球を通じて、それを当たり前にしていきたいというのが私の願いでもある。

私は普段から、こんな話をしている。

「ええか。野球には３つの力が必要なんや。力って言っても筋力ちゃうからな。まずは〝聞く力〟。人の話にちゃんと耳を傾けて聞いてるか？　次は〝見る力〟。人がやっているのを見て学ぶんや。で、最後は〝試す力〟。自分で考えてこうやってみようっていろいろ試す。この３つの力がなかったら野球はうまくならんで。練習だけじゃなくて、学校でも一緒のことや」

学校では暗記だけの勉強も多いが、それも実は覚えて答えられたことが素晴らしいのではなく、覚えようとすることで「聞く力」と「見る力」を鍛えていくことに価値があるのではないか。そこが学校の授業の役割なんじゃないかと私は思う。

そして3つの力があれば、必ず野球は上達する。逆に上達しないのはその力が欠けているからであって、元を辿れば「自分が上達しようとしていないから」。だから学びがないのだ。「多賀」では技術や戦略・戦術をすべての子どもたちに平等に伝えているが、それでも子どもたちの吸収力はやはり同じではない。誰かに与えられる野球と自ら吸収する野球では、質の高さがまったく違う。最終的には、いかに吸収できるかという部分で差が生まれるのだと思う。

また、子どもたちにはこんなことも言う。

「野球の練習が5時間あったとしたら、自分がプレーしているのはせいぜい40～50分くらいのもんや。シートノックでも1分に1回くらいしか回ってこないし、5秒くらいしか動いてない。でも、残り55秒を何に使うか。ただ下を向いているんじゃなくて他の人のプレーを見て、あの人はなんでうまくできるんだろうって考えながら、真似した

他の人のプレーも見て学び、自分で試していくことで上達が生まれる

らええんや。うまくなるには自分のプレー以外の時間をどう使うかが大事や」

　これは大人の社会に出ても同じだ。自分が言われていることではなくても耳を立てて話を聞き、周りを観察して、自分でもそれを試す。だからどんどん仕事ができるようになっていく。同じ時間で同じメニューをこなしているのに差がつくということは、自分がやっていない時間を有効に使っているかどうかで成長の度合いに差が出るということだ。

　先日、北海道の東川大雪野球少年団と滝の宮グラウンドで合同練習をしたのだが、その小林弘明監督から「すごく勉強になりました」と言われた。その人いわく「無死一・二塁の状況からスタートすれば、ほぼ必ず一死二・三塁ができるものだと思っていた。でもウチがバントをしたら、多賀の子らにダブルプレーを取られて二死二塁になってしまったんです」と。私からすると判断力などは満足できるレベルにはないのだが、こういうプレーができるのも普段から3つの力を養ってきた成果だと思う。

実戦でのチーム力を高めるだけでなく「個を育てる」ことでより強いチームになる

先ほどとは別のチームの指導者から、「いったい何が変わって全国制覇に至ったんですか？」と質問を受けた。その人は数年前から知っていて、当時は私にこんなことを言われて衝撃を受けたらしい。

「中学に行ったら活躍できるとか、高校に行ったら活躍できるとか、そういう選手を育てようと最初から言い訳じみたことを思っていませんか？　でも中学や高校へ行ったら、そんなにじっくりと目を掛けて教えてもらえませんよ。中学や高校の野球というのはできる子らをチョイスして、そこに筋力をつけたり持久力をつけたりしていくことが多い。だから、小学生のうちに長いスパンでじっくりと野球を教えて成長できるようにしてあげなければ、その子のチャンスは終わってしまいますよ」

　これも私の考え方ではあるのだが、実はその当時はまだ野球の戦略・戦術だけで勝ち進んでいた時代。全国大会に出場することはできるものの、トップには立てなかった。

　そこからチームの方針を改革したというのは第1章でも説明した通りだが、野球の面では何を鍛えたのかと言うと、１つずつのプレーの精密性。チーム力を育てるのではなく、子どもたちの一人ひとりの育成、つまり「個を育てる」ことを強く意識するようになった。

　たとえば全国大会では１２０キロを超えるとんでもないスピードボールを投げる小学生などもいたりするが、その投手の投球練習を見て「理に適ったキレイな投げ方だなぁ」と感心する一方、他のスペースでキャッチボールをしている投手たちも見る。そこで全員が共通点のないバラバラな投げ方をしていたとき、「あっ、これはチームの指導の成果で１２０キロの投手が生まれたんじゃないな。おそらく親が熱心に育ててきたから突出したのであって、チームには穴がたくさんあるぞ」と気付いた。もしもチームの指導の成果だとしたら、運動能力に違いはあったとしても、少なからず全員が理に適った投げ方に近づいていなければおかしい。逆に強いチームを見てみると、投手も野手もみんないい投げ方、いい捕り方をしていて、出てくる打者はみんないい打ち方をしていた。「チームとして一人ひとりをしっかり鍛えているんだな」と感じたわけだ。

そしてそれ以降は、頭を使って考える野球を身につけるだけでなく、個人の能力もしっかり育成していこうと。だから、たとえばノックなどでも昔はがむしゃらにバンバン打つことがよくあったが、今は片手で捕らせたりバックハンドで捕らせたり、ショートバウンドやハーフバウンドで捕るように足を使って調節させたりと、より細かく意図を持って打ち分けるようになった。また、外野手には打球の追い方を養うために腕を振って走るだけの練習をさせたり。そもそも試合中にミスが出たときにすぐ横のスペースで同じ場面を想定して練習させたり、初心者や低学年の子に「投げること」「捕ること」の練習をさせるのも、まさに個を育てるためのものだ。1日のスケジュールの中でひたすら実戦形式の練習だけをするのではなく、野球の一部分を切り

個の力を育成するためにも、野球の一部分を切り取った
ドリル練習などを取り入れることも重要

取った練習を入れているのも、そこに大きな理由がある。

昨年末のことだったか、3年生の試合があり、9人ギリギリで試合が成立するかどうかという状況だったため、念のため2年生を2人連れていったことがあった。だが当日は何とか3年生だけで人数が揃ったので、試合は選手たちに任せながら、私は2年生2人と空いたスペースでノックをしていた。

最初は前、前、前…。次は後ろ、後ろ、後ろ…。横、横、横…。そこからは「よーし、じゃあ今度はどこに行くか分からんぞ〜!」。まさに個を鍛えていたわけだが、そうやって夢中になっている姿がよほど充実しているように映ったのか、試合が終わって帰るとすぐに相手チームの2年生の親から電話がかかってきて、「体験に行きたいんですけど…」。そのチームには申し訳ないことなので監督に謝りの電話も入れたが、保護者もやはり1人ずつの子どもと向き合って育てようとするチームを求めているんだなと実感した。

野球界には形式的な練習もたくさんあるが、それをやってダラダラしてしまうのは子どもたちの集中力がないのではなく、練習そのものに根拠がなくて面白くないから。大人がやっても楽しくないメニューは当然、子どもがやっても楽しくない。個を育てるためにも、これは肝に銘じている。

監督が脳の中に30%の余白をつくって その部分で次のことや新しいことを考える

ここまで説明してきた仕組みづくりと野球の指導によって、「多賀」は毎年コンスタントにトーナメントを勝ち上がれるチームになっている。小学生にここまで教え込んでいるケースは正直、全国を見渡してもないだろう。他の指導者たちが「子どもにはまだ早い」と思っているのか、それとも「一から説明するのは時間が掛かるから面倒だ」と思っているのかは分からない。ただ、私自身はこのやり方によってうまく回っているという実感があるので、やはり慣れの問題なのだろうと思う。

たしかに導入部分は大変かもしれない。ただそこで苦労してでも一度教え込んでしまえば、あとは仕組みをつくってそのベルトコンベアに乗せるだけ。たとえば通常の1か所バッティングにしても、マシン1つが動き出せばそれに応じて10人前後が一斉にワーッと動き出すので、指導者がいてもいなくても勝手にうまくなっていってくれる。現在、「多賀」が所有しているマシンは全部で13台。普段からグラウンドで使っているのが6台に、滝の宮スポーツ公園の体育館や多賀町民グラウンドの屋内多目的運動場で使うものとして打撃練習用（テニスボールを使用）が5台と、守備練習用（ゴロを転がしたりフライを上げたりするために使用）が2台。これだけあるからこそ、いったん動き出せば練習が効率よく回るようになっている。

そして子どもたちが自分で気付いたことを言い合い、各コーチもそこに入ってくれている。だから私は練習中、全体を見ながらいろいろなことを考えられる。仕組みをつくって勝手に回すことができれば、指導者の脳に余裕が生まれるのだ。

多くのチームでは毎年、その場その場で上級生に一生懸命教えているような印象があるが、そうやっていると他の学年が放ったらかしになってしまうし、新しいことなどが考えられない。だから長期的な育成ができず、一年ずつ勝負する形になってしまう。しかし指導者の脳に余裕があれば、次のことも考えられるし、新しいアイディアもどんどん浮かんでくる。

これは私の考えだが、監督というのは脳の中にいつも30％の余白を残しておくことが大切だ。一方でコーチには、子どもがやっている目の前のことに１００％集中してもらいたい。監督はそれを遠くから70％の脳で見ながら、残り30％の部分で次の練習メニューのことや子どもたちの様子を踏まえて今後の方向性なども考えていく。そんな感覚がちょうど良い。監督が常に１００％になっているとチーム全体のことが見えず、運営のことや保護者との関係性などにも目が向かなくなり、結局はうまく回らなくなってしまうのだ。

もちろん、大事な導入である初心者や低学年の子を教えているときは、どうしても付きっきりになるので１００％になることもある。ただ、そのときもコーチをそばに置いておき、練習が回り始めたところでその場を少し任せたりして、自分なりに脳の中に余裕をつくっている。幸いにも「多賀」には「この練習をやってくれるか」と言うとパッと回してくれる優秀なコーチ陣がいてくれているし、グラウンドではパッと見で誰が指導者か分からないほど保護者もたくさんいてくれて、その頭の中のハードディスクにも私の考えがちゃんと入っている。そういう部分が嚙み合っているから、私たちの野球はどんどん進化しているのだと思う。

第3章　チームの環境と運営

練習環境の変化でチームが上昇 野球のグラウンドを使えるメリット

ここまでは野球チームとしての話を進めてきたが、第3章では組織としてどう運営しているかという部分も明かしていこうと思う。

まずはチームの歴史を振り返ると1988年、私が20歳のときに「多賀少年野球クラブ」を設立した。と言っても最初は勝手に始めるものであって、多賀町の教育委員会に申し込んで小学校の校庭を借りるところからスタート。また自分でバットとボール、ベースやヘルメット、キャッチャーの防具など野球用品をひと通り買い揃えたら、町内にチラシを配って「野球チームをやりますよ」と募集をかけるだけだ。そこで集まった小学生12人と練習を重ね、全日本軟式野球連盟に加盟して大会に参加した。さらに日本スポーツ協会に申請してスポーツ少年団として登録。これによって自治体からは「公のチームだ」と認められ、公的な施設——たとえば小学校のグラウンド、町営の公園や体育館などをスムーズに借りることができる。練習も少しずつ増やせるようになり、６年目にようやく彦根支部で優勝。また７年目以降は滋賀県大会でも優勝できるようになり、人数も全体で20人前後まで集まるようになった（ちなみに１学年で９人を超えたり、幼児や低学年の子まで集めたりするようになったのはここ数年のこと）。

さらに１９９９年、初めて近畿大会で優勝してからは、町の議員や町長までが集まって盛大な激励会を開いてくれたりと、町全体が応援に動いてくれるようになった。そして翌２０００年から全国大会に出られるようになり、チームが軌道に乗ったわけだ。今では多賀町の人が外に出て地名を紹介したとき、真っ先にイメージを挙げられるのが「多賀サービスエリア」と「少年野球」。実は多賀大社という地元では自慢の名所もあるのだが、いきなり「野球の強いところですよね」と会話が始まったりもするというから、すごくありがたいことだ。

こうして「多賀」は33年続いてきたわけだが、その中でも滝の宮スポーツ公園をホームグラウンドとして使わせてもらえていることは非常に大きいと思う。

滝の宮グラウンドは私たちがチームを立ち上げた数年後につくられているが、立地的に山の中にあることもあり、５年ほどは利用者があまりいなかったという。そのうちに草がヒザ丈あたりまで伸びた状態にもなってしまい、町としても有効な活用方法はないかと模索。その結果、施設をしっかり管理するということを条件に、減免（利用料は無料）という形で私たちに貸し出してくれることになった。

ホームグラウンドが移ってからは、実は入団を希望する子どもの数が減っている。小学校の校庭のときは子どもたちも自転車などで通えたが、山の中にある滝の宮グラウンドはそれぞれの家からも遠く、保護者が車で送り迎えをしなければならない。当時の日本は休日出勤や残業をするのが当たり前の時代。だから子どもが「野球をしたい」と言えば、送迎の必要がない近所のチームに入るのが普通だったのだ。

ただ、その一方で練習の質は上がった。「小学校の校庭」と「野球のグラウンド」では何が違うか。前者は誰がどこからでも出入りができるので、周りに気を遣いながらの練習になってしまう。また当然ながら囲いもなく、いったんボールが転がったらどこまでも行ってしまうから時間のロスが大きい。さらに周りには民家があるので、ファウルボールなどが飛ぶと迷惑をかけることもあるし、朝から大きな声でワイワイやっていたら苦情も来やすい。だが、後者は野球をするようにつくられている。ボールが飛び出しても大声を出してもいいので、子どもたちが伸び伸びとプレーできる。

好奇心にフタをせず思い切り練習できる環境になったことで、間違いなく野球の質は向上した。一時期は少ないメンバーでジッと耐えていたが、大会での成績が落ちていくことはなかった。2004年には6年生がたった2人しかいないチームで全国大会（全日本学童）準優勝。やはり、練習環境は大事だと思う。

滝の宮スポーツ公園には駐車場や体育館、プール、テニスコートなどがあるが、グラウンドだけが低い場所にあり、上から全体を見渡せる造りになっている。そして「多賀」の場合、あっちの一面ではこの練習、こっちの一面ではこの練習と、四方八方に散らばって全員が何かしらずっと動いている練習スタイル。一人の指導者がノックバットを持ち、全員が後ろにズラッと並んで順番を待っている、なんてことはない。待ち時間もなくみんなが伸び伸びとやっている風景を見れば、練習の見学に来た親子が「入りたい」という気持ちになるのもよく分かる。

施設の管理は基本的に自分たちで行なっている。グラウンド整備はもちろんのこと、草刈りもするし、ゴミなどはしっかりと回収。経年劣化しているもの、たとえばネットに穴が開けば自分たちで修理するし、設備を新しくしたほうがいいと思えば自

多賀少年のクラブハウス(写真上)。卒団生の則本(東北楽天)が寄贈してくれた用具倉庫もある

分たちで買い替える。倉庫などもOBの則本昂大（現・東北楽天ゴールデンイーグルス）が寄贈してくれたもので、町の許可を取って自分たちで設置した。

これまでに唯一、私たちが多賀町に要望したのは、バックネット裏の階段を上がったところに監視小屋を建ててほしいということ。これはグラウンド全体を見ることで子どもの体調が悪くなったりしたときにすぐ気付けるようにしたり、冬の寒い時期に保護者の居場所として利用したりするという目的がある。

もちろん、私たち以外に借り手がある場合は快く譲っている。ただ、たまに運動会やソフトボール大会などで使われることもあるのだが、あるとき、高齢者の方にこう言われたことがある。

「私らではこんなに広いグラウンドを整備できへんから、ええわ」

「いや、別に整備はしなくてもいいですよ」

「いやいや。こんなにキレイなグラウンドを使って、キレイにして返さへんかったら申し訳ないよ」

普段からそれだけ大事に使っているのだ。そしてありがたいことに、多賀町の担当者からは「少年野球チームに管理を任せておけば間違いない。すごく助かっています」と言っていただいている。

町の支援制度も十分に活用しながら応援してくれる人々とも〝ギブアンドテイク〟

滝の宮グラウンドの件以外でも、町の協力は「多賀」にとって大きなことだ。たとえば多賀町民グラウンドにしても、一般の方々より早い3か月前の段階で予約を取らせてもらい、平日2回（火曜・木曜）と土日祝日の1回は優先的に使わせてもらっている。チームに所属しているのは全員が多賀町民というわけではないのだが、スポーツ少年団の一員としてすごく愛されているなと感じる。

そして、多賀町の外からチームに入ってきた親子もみんな「多賀町っていいところだな」と感じてくれている。それが口コミとなって多賀町の評判が上がっていけば、さらに町が活気づくのではないかとも思う。

今のチームには、「多賀町に住みたい」ということでわざわざ東京から引っ越してきた家族もいる。コロナ禍の前に体験に来ると、帰りの車の中では子どもが「絶対にこのチームでやりたい」と言ったのだそうだ。さらに、その両親も「田舎暮らしをするのもいいんじゃないか」と。

そういう考えを持っている人のために、私は「お試し住宅」をオススメしている。いきなり多賀町で家を買ったり大掛かりな賃貸契約をしたりするのは、どうしても決断を躊躇してしまうもの。だからその前に、リフォームした多賀町の空き家を利用して、1年間だけその家に住んでみるのだ。契約金や共益費などもなく、家賃は月2万円。町の事業としてこのプランを実現しており、お試し期間が過ぎたら多賀町の他の物件に住んでもいいし、ふたたび町の外へ出てもいい。実際、先述の東京から来た家族はこの「お試し住宅」に住み、子どもが小学校に慣れ親しんだこともあって、その後に一軒家を購入したという。多賀町には「空き家バンク」という制度があり、かなりお得な値段で空き家を購入できる。さらにリフォーム代の補助金制度まであり、支援がすごく手厚い。

これらはもちろん過疎化を食い止めるための方策で、実情として多賀町の人口そのものが減っているのはたしかだ。ただ、その一方で私たちのチームの人数はここへ来てどんどん増えており、世の中に「多賀町に住んで野球をしたい」という子どもがたくさんいることも分かってきた。私も地元の良さを多くの人に伝えて、活性化させていきたいという願いは持っている。今もいろいろなところでアピールしているが、今後は多くの人が多賀町に移住できるような流れもつくり、町に恩返しをしていきたいと思っている。

それと自治体だけではなく、純粋に「多賀」を応援してくれる方々の存在も大きい。私はもともと高校卒業後にスポーツメーカーへ就職し、3年目で独立して約7年間は小さなスポーツ店を経営していた。その頃から〝商売人〟の血が流れており、現在は公務員として働いてはいるが、彼らとの〝ギブアンドテイク〟も実現している。

たとえば私たちのホームページではメンバー全員の顔写真を載せているが、これは地元の美容室「ａｆｒｉ」とのコラボレーションで店舗へ出向いて髪をセットしてもらい、カメラマンにカッコ良く撮影してもらっているものだ。美容室からすればお客さんが増えるし、私たちからするとチームのイメージアップにつながり、撮影された親子もいい記念になる。みんなが幸せな気持ちになる、まさに〝ギブアンドテイク〟だ。

また、「多賀」のＯＢが働いていたことから交流が始まった彦根市の「ベースワン」。

クラウドファンディングで購入したチーム専用移動バス（写真上）。
道具車にもラッピングが施されており広告塔の役割を果たしている

オリジナルグッズを製作する会社で、農業を行なったり飲食店を経営したりとさまざまな事業も展開しているのだが、私たちはチーム専用バスや道具を運搬する軽トラの外装（ラッピング）をお願いしたり、ユニフォームの胸のマークの製作と印刷をしてもらったりしている。一方で私たちは何をしているかと言うと、バスや道具車に会社名をプリントするなど、宣伝という形で会社のことを広めている。

さらに野球用品の部分で言うと、こちらもやはりバスや道具車で私たちが宣伝しているメーカー「フィールドフォース」。マシンやボールなども含め、市場にまだ出回る前の試作品を提供してもらって子どもたちが練習で使い、モニターとして意見を伝えるという流れもある。このときは製品が壊れるくらいまで目いっぱい使い、良かった点や改善点などを挙げている。かなり消耗させているからこそ、「多賀の練習に耐えられたのであれば大丈夫だ」という証明にもなる。

他の例についてものちほど少し説明させてもらうが、こうした多くの方々の協力もまたチームがうまく回っている要因の1つだと思う。

部費と保護者会費で月３０００円
これですべてを賄う資金繰りの術

少年野球チームの運営にはもちろん、少なからず費用の負担がある。スポーツ少年団の登録料や各連盟への登録料だけでまず数万円がかかり、さらに県大会や全国大会など公式戦へ出場するごとに諸経費がかかる。また道具や備品なども買い替えが必要な時期が出てくるし、何年も続けていくのであれば効率よく活動するための移動手段もほしい。私はこれまでにバス２台、道具運搬用の軽トラックも１台購入した。ちなみに則本がマシン２台や倉庫を寄贈してくれたりとＯＢの支援にもすごく助けられているが、定期的なＯＢ会費のようなものは集めないし、寄付集めもやっていない。こちらから声をかけて集める行為をすると、逆に払っていない人がグラウンドに顔を出しにくくなってしまうからだ。

そういった諸々の方針も考えると、やはり活動するための資金繰りは考えなければならない。

ただ、だからと言って保護者に大きな負担をかけるのもまた違うと思う。現在の「多賀」が部費として集めているのは、小学校2年生以上が月2000円、小学校1年生と幼児は月1000円。チーム創設時はもともと全員が月1000円でスタートし、1500円、2000円と少し上がっていった流れはあるのだが、これは「いつも年間を通してこれくらいかかる」という部分だけ払ってもらえるように設定している金額。そして部費とは別に保護者会費が月1000円。他の習い事はもちろんのこと、全国各地の少年野球チームと比較しても、月3000円は破格の値段だと思う。

では、なぜこれでやりくりできるのか。

まず部費で賄うのは、野球をするのに必要な部分だ。先述の登録料などもそうだが、各施設の使用料、ボールなどの道具代、遠征時のガソリン代や高速道路料金など。基本的に交通費は徴収せず、全国大会出場時であっても宿泊代だけは個別に払ってもらうが、そこに来るまでの旅費などは発生しない。その年によって遠征や大会の試合数も違うわけで、そこは全員が一律で払っている部分から支払うのが良いと考えている。

そして大きな出費となる道具や備品の購入だが、これも考え方ひとつだ。

少ない部費でもやりくりの仕方でマシンなどの備品を揃えられる

たとえばマシンがどうしても必要なのだとしたら、チーム内でお金を集めようとする前にまずは監督が自腹で買ってしまう。そして部費の月額に〝ほんの少しだけ〟上乗せをして、そこから監督に少しずつ返していくという形を取れば、いつかは元が取れる日が来るだろう。さらにここからが肝心で、そのマシンも永久に使い続けられるわけではないし、定期的なメンテナンスも必要になる。だから元が取れたからと言って部費をまた元通りに下げるのではなく、今度は少し浮いた分をその後のメンテナンス代やマシンの買い替えが必要になったときのために貯めていく。結局、マシンはチームとしてずっと使い続けるわけで、購入したタイミングでたまたまチームに所属していた人にだけ急に大きな負担が掛かってしまうよりは、5年でも10年でもいいから長いスパンで全員に少しずつ負担してもらったほうが良い。ギリギリの金額で運営をしていて「環境を整える余裕がない」という悩みを抱えているチームは、先に整えてしまってあとでどう回すかを考えるという発想が有効だと思う。

一方、保護者会費は何に使うのかと言うと、普段は積み立てておく。そして子どもたちの飲み物が足りなくなって補充するときや、他にも何か差し入れが必要なときなどに使っていく。あとは指導者の交通費として1日300円。また保護者会にも会長、副会長、会計役、各学年を取りまとめる世話役などの役割があって、その方々には通常よりも時間と労力を費やしてもらっている。これをボランティアにしてしまうとチームのために頑張っている人ほど負担がかかってしまうので、それぞれの時間数に応じて「保護者会費から年間いくら」という形で支払うようにしている。ただし「見守り当番」に関しては、全員が同じ条件なので支払いはなし。不平等になる部分に対してのみ経費を発生させ、いったん集めた保護者会費からお返しししていくという発想

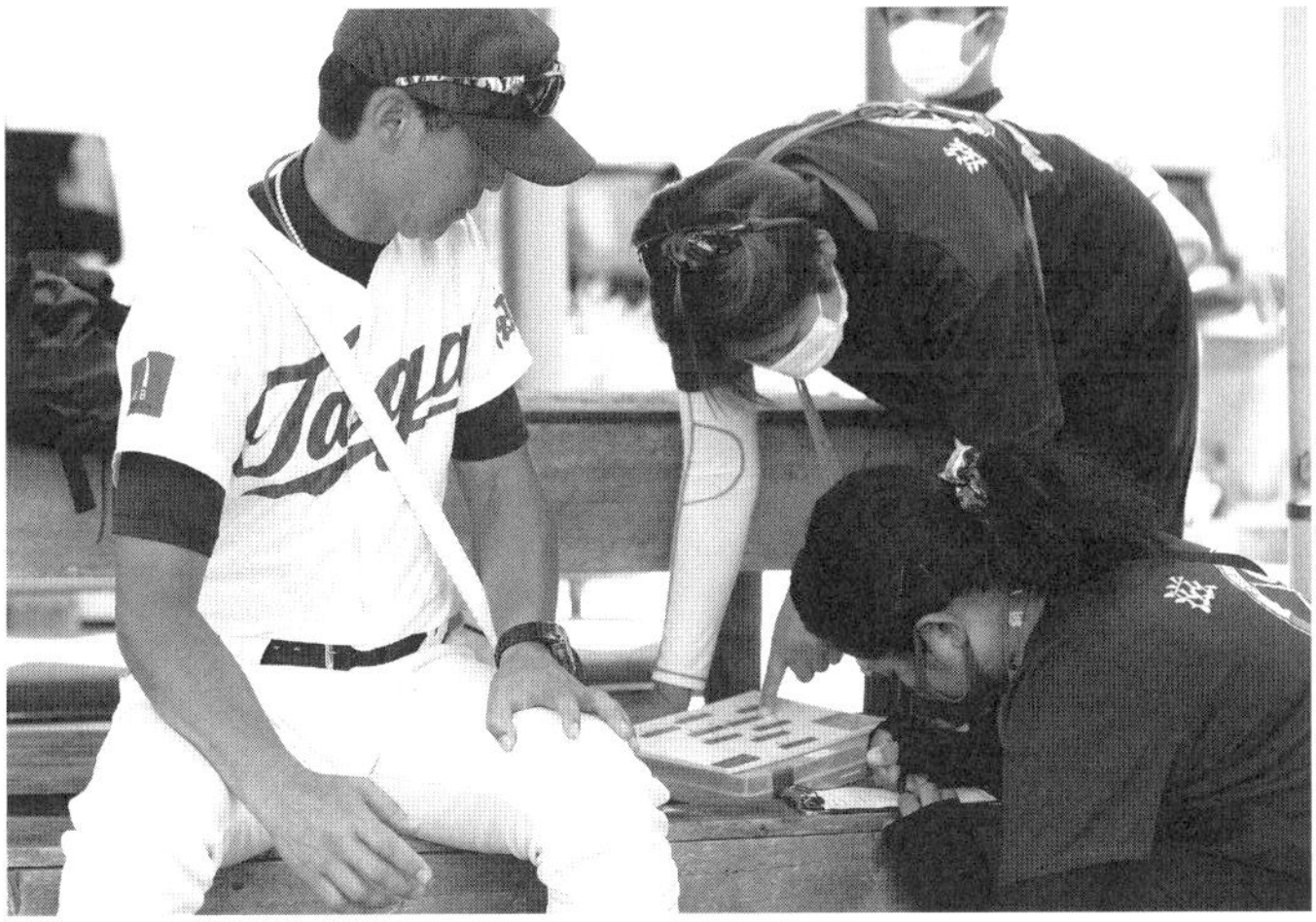

多賀の保護者会には明朗な役割分担システムがあり、不満などが出ないようになっている

だ。

　それと、審判代も必要経費。１試合につき球審は１５０円、塁審は１００円。練習試合は１日３〜４試合をこなすこともあり、保護者の方々に審判をお願いすることもよくあるが、経費が発生していれば「なんで私だけ」という不満も出ない。６年生の試合に対して４〜５年生のお父さんお母さんが手伝いに行ってくれるということもよくある。チーム内に「親がやるのは当然だろう」という空気をつくってしまうと、やはりうまく回らないと思う。熱心な人ほど損をするということにならないためにも、この保護者会費のシス

テムを導入している。

おもな費用についてはこのような感じだが、先述の通り、グラウンドを減免で使わせてもらっているのは非常に大きい。バッティングセンターに行って練習しようと思ったら1日で2000円くらい使ってしまうこともあるが、「多賀」では土日・祝日の練習後や平日週2回の自由練習でマシンを使って打ち放題。経済的に考えても効率がいいのだ。

さまざまな収益活動で費用を捻出 さらにクラウドファンディングも利用する

実はもう1つ、費用のやりくりについては大きなポイントがある。私たちがチームの収益活動をしているという点。要は先ほどの〝ギブアンドテイク〟の話に通ずる部分だ。

たとえば、私たちはさまざまなところでゴミとして出たアルミ缶を回収し、地元のリサイクル業者「成功産業」に収めている。これが年間にすると10万円単位になるのだが、実は協賛という形で通常よりもいい金額で引き取ってもらっている。なぜ「多賀」にそこまでしてくれるのかと言うと、どうやら産廃業者というのは一般的にクリーンなイメージがないそうで、地元民から反対されることもよくあるという。それが「多賀」を全面的に応援しているということを発信することで、納得してもらえることが多いのだと。そしてもちろん、実際にも応援していただいている。またアルミ缶を集める際は、地元の高取山キャンプ場やガーデンホテル大和なども理解を示してくれている。私たちは、地域の方々の応援にすごく助けられている。

また、お中元の時期になると私たちは業者からそうめんを仕入れてきて、「この値段のものを贈るのであれば今回はお中元の品をこちらに変えてもらえませんか」とさまざまなところへお願いに回る。そうやって広めていき、実際に地元の会社なども注文してくれている。もちろんチームの資金になることも承知してくれているのだが、そうめん自体が美味しいので固定客もたくさんいて、「また今年もお願いね」という流れもずっとできている。これが実はかなりの金額になるため、バスや道具車の車検、整備、修理などに充てることができる。バスはおもに6年生がよく使うもので、低学年の子どもたちは乗る機会が少ない。そこの経費をみんなから集めている部費から出すと不公平感が生まれてしまうので、チームとして稼いだ収益から使っていくのだ。集めたお金と稼いだお金の使い道は細かく分けておく。そうすることで不平等もなくなっていく。

ちなみに今年（2021年）、私は3台目のバスを購入したのだが、それまでは自分が準備したお金で購入していたのに対し、今回は初めてクラウドファンディングを利用した。つまり「バスを購入して子どもたちの活動に利用する」という目的に共感を得て応援してくれる方々から、資金を集めたわけだ。きっかけは親交のあるチームの方から勧められたこと。「多賀」が好きで何らかの形で支援したいという人が、いろいろな地域にたくさんいるはずだと。そして私も「今はそういう時代なのかな」とも思い、「多賀」のファンと私個人の仲間に向けて発信してみた。すると「多賀」のことをあまり知らなかった人までもが「頑張ってください」と応援してくれて、最終的には予想金額を上回る結果となった。

そもそもの話だが、なぜバスが必要なのかと言うと、まずは保護者の負担を減らすため。たとえば試合の日にそれぞれが現地集合をすると、場所によっては保護者が丸一日を潰さなければならないケースも出てくる。ならばチームの集合場所と解散場所への送迎だけはしてもらって、「あとはこちらで責任を持って試合会場まで送り迎えをします」とするほうが楽だ。また親も子も指導者も全員が1台に乗ってしまえば、交通事故のリスクも低くなる。車数台で分乗した場合には追突などの可能性が出てくるからだ。さらに万が一、バスで事故に巻き込まれたとしても、車体が大きい分だけ普通乗用車よりは身を守れる。「多賀」の指導者は私をはじめ、全員が大型自動車免許を持っているので、誰が運転しても良い。もっと細かい話をするとバスで高速道路を走る場合、料金は普通乗用車の1・2倍程度。乗用車数台で行くのと比較したら経費も抑えられる。そして子どもたちもバスに乗ったときは遠足気分。行きは寝ていることのほうが多いが、帰りはDVDを観たりワイワイ騒いだりして楽しんでいる。途中で必ずコンビニに寄るのだが、それも楽しみの1つ。「楽しませる」という意味でも、チーム専用バスを持っておくことには大きな価値があると考えている。

事前に細かくスケジュールを組んで保護者に伝え練習の終了予定時間はきっちり守るようにする

多くのチームの指導者が抱えるであろう悩みは、私もひと通り経験してきた。アドバイスを求められることもよくあるが、そのときは過去から得た教訓を話すようにしている。

少年野球チームをつくったとき、多くの人が当たる壁は、練習時間に対する保護者からの苦情だ。たとえば練習の終了時間を17時としていたものの、熱が入っていくうちに長引いたり、練習自体は17時に終わってもそこから17時半頃までミーティングをしたり。野球界ではよくあることだと思うが、それを続けていると保護者から「予定通りの時間にきっちり終わってください」と言われてしまうのだ。

もちろん私も経験済みで、やはり終了時刻を伝えたらその時間にきっちり終わってあげないといけないと思っている。保護者はその時間に合わせて子どもを迎えに来るわけで、そこから次の予定が入っていることもある。そうなると1分1秒でも遅れたら気が気でなく、だんだんイライラしてきてしまう。遠くから通っている場合はなおさらだ。練習時間の長さを問題にしているわけではない。毎回長引いて17時15分に終わったり17時半に終わったりするのであれば、初めから「練習は17時まで。そこからミーティングをして17時半に解散」と設定してあげたほうがうまく回るということだ。

ちなみに「多賀」の場合は練習後のミーティングがほとんどなく、あったとしても短くパッと終わる。練習中にその場その場で大事なことを話しているし、みんなを集めてアドバイスもしている。グラウンドですべてを伝え切っているので、最後にわざわざ振り返って長々と喋る必要はないのだ。そもそもミーティングの時間を無駄に長くしても、子どもたちの成果は上がらない。パパッと切り替えてすぐ練習をさせたほうが得だと思う。

練習時間の話に戻るが、雨が降ったりして逆に終了時間が早まり、急きょ「お迎えをお願いします」と言わざるを得ないケースもよくある。天候に左右されるのは仕方ない部分でもあるが、それにしたって保護者にもその日のスケジュールがあり、たとえば子どもをグラウンドへ送ってから遠くへ仕事に行き、帰りの時間に合わせてまた迎えに来るという人だっている。あるいは「その時間だけ」と祖父母に送迎を頼んでいる人もいる。だからこそ、前もって悪天候の場合のスケジュールも組み、それを伝えておいたほうが良い。

少年野球は子どものことだけでなく、サポートする保護者のこともちゃんと考えな

室内での練習も休む時間がないくらい効率よく練習をこなせる

ければならないと思う。スケジュールが立てにくいチームというのは、やはり親も子どもを入団させにくくなる。決まった時間と場所をしっかり守って、できるだけ急な変更はしないということが大切だ。

さらに言えば、週末の練習予定を直前の金曜あたりに伝えていると、当然ながら「もっと早めに教えてほしい」という要望が出てくる。だから私はあらかじめ3週間先までスケジュールを決めて、保護者にメール（LINE）を送るようにしている。そして天気予報を確認しながら毎日を過ごし、当日の悪天候が予想されるのであれば、その1週間ほど前あたりから「雨の日はこうなります」と追加で予定を編集し連絡している。

人数が増えた現在は数チームに分けてそれぞれにスケジュールを組むため、実際のところはかなり頭を使っている。悪天候などで練習場所を分けたり学年別に時間をずらしたりする場合は、たとえば「滝の宮」の体育館と「多賀町民」の屋内多目的運動場の間の移動も考慮。練習メニューに合わせて道具車にはどういう動きをさせれば効率が良いかも考える。さらに兄弟で入団させている家庭もあるので、どういう時間設定をすればその親御さんがまとめて送り迎えをできるのかも細かく計算。そして当然、指導者の配置も考える。他のチームとの練習試合や練習の予定はもちろん、保護者に試合は何時まで、その後練習は何時までと細かく「練習」と伝えている時間に収められるように調整している。

こちらも野球の試合と同様、数学的な推理が必要になってくる。今や「多賀」では当たり前になっているが、ここまで細かくやっているチームは他にないだろう。ただ、だからこそ保護者からは「予定が立てやすい」とすごく感謝されている。こうした日程調整の部分でも苦労している指導者は多いと思うが、保護者からの意見というのは基本的に正しいものがほとんど。親の目線で気になる部分を言ってくるのであって、私自身も「そりゃそうだよな」と思うし、できるだけその要望には応えていきたいと思っている。そして幸いにも、私はこのように「もっと良い方法はないか」と考えるのが得意なタイプだ。あるとき、地元の議員の方から「滝の宮にナイター設備をつけるのはどうや。それならもう2時間は練習できるで」と提案されたことがあるが、私は即座に「いや、2時間長くしたいんなら逆に早朝6時からやりますよ。それならお金もかからんし、ボールもちゃんと見えるし、夏は暑くなる前に練習できますから」。そうやって頭の中には常に新しい発想が浮かぶ。

だからもちろん、練習のスタイルは今後も変わっていくと思う。今のやり方はあくまでも、今のチームにいる子どもたちを見てベターだと思っているもの。たとえば現在は岐阜県といった遠方から通ってくる子もいるので、もともとの8時集合は早すぎるだろうと思って、朝は早くても9時集合にしている。また終了時間も15時と言っておきながら17時まではグラウンドと道具を開放することが多い。そこからは「自由に練習してもいいし、親子がグラウンドで遊んでもいいし、もちろん早く帰ってもいい」という時間にしている。逆に地元の子たちだけが集まるチームであれば、もっと早く集合したっていい。今の形が絶対に正しいとは思っていないし、今後もチームに合わせて変えていくつもりだ。

野球が子どもたちの自由を奪わないようにして何でも正直に言える環境をつくっていく

野球界にありがちなことだが、練習を簡単には休めないような雰囲気をつくるのもまた、野球チームが不満を抱かれる要因になると思う。

どうも日本の社会には皆勤賞じゃないとダメだという風潮があるが、賢い監督だったら、本当にその子の力でチームが勝てるのであれば一度も練習に来ていなくても試合に使うと思う。そもそも、皆勤しているだけで「頑張っている」と評価していいものだろうか。もしかしたら「とりあえず行かなきゃいけない」という理由でグラウンドに行ったもののまったく集中せず、何にも関心を示さずにただいるだけという子もいれば、逆に「今はグラウンドへ行く意味はない」と考えて、家で自分のやりたいことに対してストイックに取り組んでいる子だっているかもしれない。毎日休まずに来たからと言っても、ただそれだけでは野球はうまくならない。「皆勤賞で頑張っているから」などと点数のつけられないものを基準に試合に出るメンバーを選んでいたら、子どもたちはそのうちにグラウンド上だけ〝頑張っているフリ〟をするようになってしまう。

普段の取り組みで子どもたちの成果が上がって、その子たちが集まって試合をしてチームとしての成果を出す。それが少年野球チームの大きな目標であって、特に全国大会は結果を残せる子を使ってチームとしての結果を目指していくものだ。もちろん、すべてが結果重視だと歪みが出てくるので、私たちも年功序列の時期をつくったり、練習試合も「総合練習」と捉えて全員に出る権利があることを認めたりしている。ただ、全国予選に関しては「毎日練習に来るとかそういうことは関係ないよ。しっかり結果を残していこう」という感覚。そのほうが野球の面白さを感じられるし、ある意味、大人になったときの社会のシステムを実感することにもつながる。「一生懸命に頑張っています」「毎日たくさん営業に行っています」だけで給料がもらえるわけではなく、「どれだけ結果を残したか」が評価の対象になるわけだ。

最初からそういうことを説明しておかないと、周りからは「なんでいつも練習に来ないあの子を試合に使うんだ」と思われてしまう。「多賀」の場合はその部分をみんなにちゃんと理解してもらっているので、久しぶりに来た子が試合に出ても「おーっ、○○君か！　頑張れ〜！」と応援するムードになる。

そもそも私は、グラウンドに来ることが絶対だとも思っていない。

チームでは全体のことを考えた実戦練習が多くなるため、子どもたちがそれぞれ興味を持っている練習ができるとは限らない。だから、「自分のやりたい練習じゃなかったらわざわざ無理してグラウンドに来なくてもいい。その日は休んで、家や近所の公園などで練習したっていいんだよ」と伝えている。また、親御さんによく言うのは

「野球だけしかないっていう頭にはならないでください」「2日間くらい休んだからと言って、野球は下手にならないから大丈夫」「他の習い事やイベントなんかもどんどん参加してほしい」と。

「子ども会の集まりがあるんや！」

「今日は午後からプールに行く！」

「これから家族みんなで旅行！」

「もうすぐピアノの発表会があるからレッスンに力を入れたい！」

さまざまな理由で練習を休んだり早退したりする子も何人もいるが、それを聞くたびに私は「お～、そうか！　行ってこい、行ってこい！」。日本には野球界のしきたりに窮屈さを感じて遠ざけてしまう子もいるはずで、野球ですべての時間を奪ってしまうのはいけない。せっかく野球の楽しさと触れ合う機会を得たのだから、半強制的な空気をつくって子どもたちを縛るようなことはしたくない。

そんな「多賀」の考え方を象徴するエピソードがある。

あるとき、静岡の森少年野球クラブの指導者が視察に来た。その日の集合時間は9時にしていたので、「10分前くらいに来たら面白い風景が見られますよ」と伝えておいた。

当日、8時50分にその人から電話が掛かってきて、「もしかしてグラウンドを間違えていますかね？　10分前なのにまだ誰もいないんですけど…」。私は「いや大丈夫、合っていますよ。多賀の子は集合時間ちょうどにしか来ないんです」と返す。案の定、8時55分あたりからチラホラと車が駐車場に入ってきて、9時に合わせて子どもたちはバーッと集まり出した。

その人から言われたのは「9時集合だったら普通、少なくとも30分前には到着して道具とかを準備して、9時から動き始められるようにするでしょう」。そこで私はこう言った。

「それなら最初から8時半集合じゃないですか。ウチの場合は〝集合時間〟が9時なんですよ。何分前にはもういるはずだろうって、みんな暗黙の時間をつくりすぎ。もしもその時間に子どもたちを動かしたいなら、ちゃんと8時半準備、9時練習開始って書きますよ」

スポーツ少年団は決して、子どもたちに規律を教えるために活動しているわけではない。それは義務教育である小学校や中学校の役割であって、私たちまで同じことをしていても何も学びがないだろう。思い切り声を出して、思い切り走り回って、思い切り野球を楽しむのが少年野球。そうやって、子どもたちを充実させていくことが大きな役割だと思う。

なお、この話にはさらに続きがあって、1人だけ9時半を過ぎてようやく到着した子がいた。それでも走りもせず、堂々と歩きながら私のところへ挨拶に来る。

「監督、おはようございます」

「おい、もう30分過ぎてるぞ。何しとったん?」

その子が少しはにかみながら「ゲームです」と言うと、私は「そうか。そらしゃあないなぁ(笑)。早《はよ》、入ってこい!」。彼はバーッとダッシュで練習の輪に入っていった。

視察に来た人はキョトンとした表情で「え? (叱らなくて)いいんですか?」と驚いていたが、私はこんな説明をした。

「あの子はね、たぶん今日初めて、そのゲームでいつもは辿り着けないステージまで行ったんですよ。その嬉しい気持ちはよく分かる。だからいいんですよ」

考えてみれば大人だって、たとえば朝釣りで入れ食い状態で夢中になり、会社に遅れてもいいと思う人がいるわけで、「これを逃したら二度とチャンスがないかもしれない」という気持ちは誰にだってあるものだ。私が「そらぁ分かる」という言葉をよく使うこともあって、子どもたちは私に何を言っても「怒られるかもしれない」と萎縮したりはしていない。少しはにかんでいたということは、自分でも時間に遅れた後ろめたさは感じているのだろうから、それで十分じゃないかと思うのだ。

そして正直に話すことの気持ち良さは、私の実体験からも感じている。

スポーツ店の営業をしていてある高校のバスケットボール部に顔を出したとき、顧問の先生から「例の商品、入ってきた？」と聞かれた。そこで「先生、すみません！注文すらしていません。完全に忘れていました！」と正直に告白。すると「普通なぁ、営業マンは忘れてたとしても『運送の手違いで遅れている』とか『1回届いたけど違うものだったから交換している』って言うもんやで。でもお前のその理由、気持ちええわ！」。もちろん社会人としては良くないことなので頭を下げて謝ったが、私はそう言われたことがものすごく嬉しかった。

一生懸命に言い逃れをしようとする人よりも、気持ちいいくらい正直な人のほうが信用できる。私はそう思っているし、子どもたちにも正直で自然なままでいてほしい。

普段の練習試合や紅白戦を重視して大会にはあまりエントリーしない

私たちは年間に最大で３００〜４００の練習試合をこなしているが、先述のスケジュールの組み方の都合などもあって、いろいろなチームにこちらから申し込むことは少ない。もちろん話が来たらすべて受けられる準備はしているが、基本的に遠征をすることはほとんどなく、滝の宮グラウンドか多賀町民グラウンドに来てもらう形。練習試合が入らなければ、練習と紅白戦を繰り返すことをメインとしている。

そして、出場する大会はこちらで取捨選択。6年生中心のトップチームだと年間で4つ、5年生チームは2つと独自大会の3つ、4年生チームは3つ、3年生チームは1つと独自大会グリーンカップの2つに絞っている。

これはなぜかと言うと、最大目標である全国大会の予選につなげるため。それ以外の試合では基本的にいろいろな選手を使い、経験を積ませたいと考えているからだ。トーナメントの大会にたくさん出ると、やはりどうしても勝利を目指したくなるものなので出場するメンバーがある程度決まってきて、やや無理をして故障させてしまうリスクが出てくる。また、ただ試合についてくるだけで出場はしないという子も出てしまう。だからと言って、たとえば6年生の大会に5年生以下の選手ばかり出場させたり、途中でメンバーをコロコロ変えたりしていると、周りからは「全力で戦っていない」「相手を舐めている」といった目で見られたりもする。私たちからすれば、全国予選以外は優勝を目指しているわけではないので、実戦経験を積ませるというのがメインテーマなのだが、過去にそれで相手チームの反感を買ったこともあった。

そもそもの戦略として、「競争で勝ち残ったベストメンバー9人がスタメン固定」とは考えておらず、誰か1人が休んだとしてもポジションをグルグル回して対応するのではなく、空いたところにスポッと「じゃあ今日は○○がスタメンだ」と入れるだけ。誰が出てもチーム力がガクンと落ちないように一人ひとりを育てているつもりで、そのために普段から数多くの実戦をこなして全員に経験を積ませているのだ。

そう考えると、試合に出場するメンバーが限られ、しかもこちらから時間をかけて会場まで足を運び、なおかつ1日1試合しかこなせない大会に出場するメリットというのはほとんど感じられない。それならば、わざわざ私たちのグラウンドまで来てくれるチームを大切にしたい。そういうチームと数試合を組み、各学年同士で思い切り戦っているほうが得るものは大きい。

実は過去の話では、「どのマスコミも受け入れない」「取材には対応しない」と極端に多賀情報を消した時期もある。ただ、その方法は間違いだったと思う。結果だけが雑誌や新聞などに載ってしまうもので、大会で優勝すればするほど「あのチームは相当厳しい練習をしているはずだ」「かなり練習時間が長いらしい」などと勝手な想像で噂を回されてしまった。そして実際、「多賀」に入ろうとする子どもの数は減っていった。中途半端に結果だけ取り上げられるのであれば、むしろ内情までしっかり明かしてみんなに理解してもらいたい。やはり「敵」をつくらないほうがチームはうまく回る。

だからこそ、「狙っている大会以外は出ない」と決めてからは各主催者にていねいに連絡を入れ、「これからは練習試合を中心にして、大会にはほとんど参加しない方針で動きます」と説明もした。今では私も年齢が上のほうになり、周りからも「多賀が出場しないのは練習試合を大事にしているからだ」と理解してもらえていると思う。

ケガなどの考慮や練習試合での経験値アップなどに重きを置いて指導するため、出場する大会を絞っている

第4章　子どもの育成と「魔法の言葉」

大人の指示通りに動く子ではなく自ら積極的に考えて動ける子に

入団した子どもたちに対しては、ちゃんと一人ひとりを見て育成したいと考えている。そして最終的には野球を生かし、社会へ出てしっかりと仕事ができる人間になってもらいたい。それが私の大きな願いだ。

野球の生かし方はいろいろある。則本のように中学、高校、大学と野球を続け、プロ野球選手としてそのまま仕事にする場合もあるし、警察官や消防士といった連携を求められる職業に就いて、チームスポーツを経験したことが生かされる場合もある。

またもちろん、野球をしていたことで仲間が増えることも多い。「どこのチームで野球をしていたの？」という質問から会話が広がっていくことだってよくあるし、特に「多賀」の場合は練習試合も多くて県外のいろいろな地域のチームとも交流しているので、コミュニケーション力が鍛えられているし話題にも事欠かないと思う。

実際、則本もプロ入り後、新しく入団してくる後輩選手たちからはよくこう言われるそうだ。

「則本さん、少年野球は多賀ですよね？　僕も小学生のときに多賀と試合したことあるんですよ」

また私の息子2人も含め、高校時代に甲子園出場を経験した子もこれまで何人もいるが、「多賀」の選手はわりとその後の進路なども追いかけられていて、甲子園で「たしかあのときの選手だよね？」と声を掛けられたりもするのだという。

さらに面白いのは、あるOBが就職面接に臨んだときのこと。エントリーシートの自己PRの欄に「小学校、中学校、高校と野球をやってきて、すべて全国大会に出ました。野球を通じてたくさんのことを学びました」と書いたところ、「ここまで運の良い人間は採用しないわけにいかない」と評価されて見事に内定した。もちろん理由はそれだけではないのだろうが、企業はおそらく運を引き寄せてくる行動力、ここぞというときにチャンスをつかみ取れる判断力や決断力などに期待したのではないか。だから、「楽しむことが第一」「結果は二の次」とは言っても、やはり結果を残してあげることもすごく大切なことだと思う。

チャンスをつかむ人間になるために、私は子どもたちにこういう話もしている。

「みんな、学校の教室では自分の席が決まってるやろ？　でも大学へ行ったらなぁ、席は自由に選んで座れるんや。そのときにどこに座るか。できるだけ先生の近くに行けば話がよく聞こえるし、自然と内容も頭に入ってくる。これが頭の良くなる法則や。隠れて後ろに行って、ただ座ってるだけじゃ頭は良くならへん。そういう気持ちじゃ学びはない。野球も一緒やで」

たとえば、ファウルゾーンなどで「ノックするから入ってこいよ～」と言ったとき、積極的な子は自然と列の前のほうに来て、消極的な子は自然と列の後ろに回るもの。「捕りたくて仕方がない」という気持ちがあれば勝手にうまくなるのは当たり前であって、そういうときにパッと並んだ順番がそのまま野球の技術の序列になると言っても過言ではない。

そして、その姿勢とともに大事にしたいのが「自分で考える」ということだ。「多賀」では「考える野球」を掲げているが、これはまさに大人になったときに仕事でも生かされる部分だろう。人の言葉や行動からいかに多くのことを察するか。その力を子どものときから養っておくことは、ものすごく大切だと思う。

もちろん、言われたことをひたすら忠実に実行するだけの〝指示待ち人間〟になっ

自分たちで「考える野球」ができるようになることが、大人になって社会に出たときに役立つ

たとしても、決して成長がないわけではない。ただ野球の練習で例えたら、試合後に監督から「はい、じゃあバント練習や」と言われて意味も分からずにやるのと、監督に「今日はこういう試合になったけど、これから俺たちは何をしたらいいと思う？」と質問されて「あれだけバントを失敗したんやからバント練習ちゃいますか」と自分たちで答えを導き出してからやるのとでは、同じバント練習でも成果がまったく違う。過去をどう振り返り、未来をどう考えて、現在にやることをどう決めるか。そこを自分で考えられる人間になってほしいのだ。

私はよく、練習でも試合でも子どもたちに〝根拠〟を喋らせるようにしている。なぜそう考えたのか。なぜそう動いたのか。誰でも最初は苦手で、こちらが質問してもただはにかむだけで終わったりするものだが、日々の訓練を重ねていくと言葉を扱うことに慣れてくる。そして6年生ともなれば、自分が思っていることを言葉に乗せてうまく伝えられるようになっていく。現に、たとえばベースコーチなどをしていても「相手ピッチャーの癖が分かった！」と言ってみんなに分かりやすく伝えているし、送りバントをしたい場面でも「向こうがバントシフトを仕掛けてきたのでバスターでヒッティングに切り替えました」と、相手の動きを見て臨機応変に対応しながらその根拠までちゃんと説明できてきている。

常に大人の指示通り、サイン通りに動かしているだけでは、そういう子は生まれてこない。こちらが操作して精密に動く機械のような人間ではなく、ある程度の枠の中で自ら動き回れる人間になってほしい。私たちが目指しているのはそういう野球だ。

習慣的にいろいろな言葉をどんどん掛けながら「魔法の言葉」で調子の波をコントロール

指導者はやはり、たくさんの言葉を持っていなければならない。どの言葉を使えばその子のスイッチが入るのか。子どもたちがうまくなるための「魔法の言葉」を常に探すことが大切だと思う。

たとえば、ゴロを捕るときはある程度低い体勢をつくって捕球姿勢に入りやすくするものだが、どんなイメージをすればそれが実現できるのかは人それぞれ違う。「目線を下げろ」と言ってあげたほうがいい子もいれば、「ヒザを前に出せ」のほうがいい子もいる。他にも「太ももを上に向けろ」「お尻を落とせ」「足首を曲げてみろ」……。だから私は普段、全員に「こういう構えがいいよね」とアバウトな感覚で形を教えておきながら、あとは個別で「こうしてみたら？」「合わないか。じゃあこうしてみたら？」と機関銃のようにいろいろアドバイスを送り、本人に一番合うものを探している。

子どもたちがうまくなるための「魔法の言葉」を常に探すことが大事

そうやってたくさんの声を習慣的に掛けていると、指導者の中では選択肢が増えてくる。そして、「こういうときにはこういう言葉がハマるんだな」というものがいくつも見えてくる。ランナーの構え方などは典型的で、見た目だけ良い形をつくろうとして実際は両足に力が入っていない子がよくいる。そんなときの私の伝え方は「自分の体の真下でホンマに地面が割れたようなつもりで、左右どっちにも行けるような感じで構えてみ」。そうすると自然に良い構えになる。

なお、こういうものが見えてくると「これでもう大丈夫だ」といったん足踏みをしてしまいがちだが、私の場合はそれでも「もっといい言葉掛けはないか」と常に考えている。アドバイスを送って子どもたちがそれを実践している間に、頭の中では「次はどうしていこうか」とまた次の言葉を探す。だからどんどん積み重なっていくし、昔の引き出しをパッと使うこともできる。

チームの調子というのは波があるもので、今がうまく行っているからと言って、それがずっと続くわけではない。ただ、波がまったくなかったらいったん下がったときにそのまま下降して沼にハマってしまうので、それも良くない。上がったり下がったりしたときに、いかにそのときの空気を水の中に取り込んでうまく調子の波をコントロールできるか。これも監督の仕事だと思う。

特にバッティングなどは水物と言われるだけあって、調子の波が表れやすい。だから〝使える言葉〟をいくつもストックしながら、さらに更新していかなければならない。

たとえば今年のチームでも、まずは「フルスイングや！」「バットを引いて肩のところに構えておいて、ボールが来たら両肩を一気に入れ替えて体を回すんや！」。そうやって思い切り振らせることで、強い打球が遠くへ飛ぶようになった。ただ、やっていくうちにだんだん強引になってきて、バットが遠回りするドアスイングが目立つように…。ここから修正するために、今度は「ボールの少し内側を打て」。そうすると捕手寄りのヒジがグッとうまく入るようになっていわゆるインサイドアウトのスイングになり、ボールをきっちり捉えられるようになっていった。だが、そのうちに今度はボールの内側ばかりを意識しすぎて差し込まれる（遅れる）ようになり、さらに疲労もあってスイングのバランスが少し崩れ始めた。そこで私はまた細かい技術のことをいったん忘れさせるようにして、こんな声を掛けた。

「よし、これから2つだけルールを決める。1つは、ストライクをフルスイングすること。つまりボール球には手を出さないってことや。逆にストライクを全力で振るのであれば、まったく当たらずに空振りでもええ。そしてもう1つは、一塁まで全力で走ること。この2つを守ったら、みんなで拍手するからな」

こうして、また打線の調子がドーンと上昇した。

バッティングでは、もちろん正しいスイングの形と十分な力を身につけておくことは前提になるが、それができればあとはいかに気持ちよく打たせていくか。いかに成功事例を体感させてリズムに乗せていくかがカギとなる。言葉掛けによって爆発的に良くなることは多々あるし、ただそれを言い続けていると効果が薄れてきて逆にマイナスに向かうことまであるからこそ、また次の言葉が必要になる。指導者が周りのことに対してアンテナを張り、常に〝気付き〟が生まれる状態をつくっていることで、チームは前に進むことができるのだと思っている。

ちなみに「多賀」では監督の私だけでなく、コーチも全員がいろいろなところに目を配り、至るところで気付いたことをバンバン言っている。

実は昔、選手の保護者にコーチをやってもらっている時期もあったのだが、試合中に私だけがベンチ内であれやこれやと声を掛けていて、他の保護者コーチはただジッと座って見守っているだけだった。すると試合後、相手チームのベテランコーチ（高校時代の先輩のお父さん）からこう言われたことがある。

「辻君。ベンチの中はな、2つの目よりも4つの目やでぇ。4つの目よりも6つの目やでぇ」

お父さんコーチはどうしても「指導者」より「親」としての感覚が強くなってしまうもの。だからそれ以降は、ベンチにはできるだけ自分と同じ目線で見られるコーチを多く入れようと決めた。監督の2つの目だけで見ているよりも、コーチの目で見て気付いたことも言ってもらったほうが、チームは良くなるはずだ。

野球界にはベンチ内で何も言わずにただどっしりと座っているだけの指導者もいまだに多いのかもしれないが、子どもたちが満足のいく戦いができるようにお膳立てするのが、試合における指導者の役割だと思う。野球は〝競技〟であって、みんな周りの人よりもいいプレーをしたくてやっているし、対戦相手とも競っているもの。そんな子どもたちにどういう声を掛ければいいのか、本気で入り込める人なのかどうかが大切だ。

試合での失敗は精神力が弱いのではないそれまでの準備力が足りていないだけ

私はいつも、子どもたちにこう言い続けている。

「野球は精神力やないぞ。判断力や！」

スポーツではよく〝心技体〟が大切だと言われる。そして、そのうちの「心」はメンタルの強さ、すなわち精神力だと捉えられることが多い。

たしかに指導者が選手に与える〝心技体〟であれば、「心」は言葉の魔法なども含めていかにリラックスして伸び伸びと戦える状況を整えてあげるかという要素。だから、おそらく子どもたちの精神力にも通ずる部分だと思う。ただ選手の立場として必要な〝心技体〟であれば、「心」は間違いなく実戦での判断力や決断力。そして、それを養うためには普段からの反復練習が欠かせない。

そもそも、メンタルの「強い」「弱い」とは何か。大舞台で力を発揮するとよく「あの選手はメンタルが強い」と言われたりするが、重要なのは準備力だと思う。次に何が起こり得るのか。じゃあ自分は何をすればいいか。そういうアンテナを張って次に備えられているからこそ平常心で戦うことができて、結果的に自分の力を十分に発揮できる。

たとえば大人でも、何かのジャンルで全３回の講習を受けなければならないとする。１回目は何も分からない状態なので、緊張でドキドキするだろう。だが２回目になれば、会場がどんな場所でどんな雰囲気で、どんな講師が来てどんな内容を喋るのかがだいたい分かっている。また洗面所や自動販売機などの場所も把握しているので、不安は取り除かれているはずだ。そして３回目ともなると、もはや慣れているので気持ちに余裕が生まれ、自分でいろいろなことを考えながら講習を受けられる。

野球もこれと同じなのだ。だから私は練習試合（総合練習）でも結果を見て一喜一憂しない。練習試合というのは、本番の試合になったときにすべてのことを「想定内だ」と言える状態にするための練習の機会。そこでいろいろなことを経験してしまえば、次に同じことが起こっても子どもたちにとっては2回目になるわけで、緊張や不安を感じることが少なくなっている。

経験をしていないから。練習をしていないから。準備をしていないから。子どもたちの多くは、そういう理由で力を発揮できていない。野球界には精神力そのものを鍛えようとする練習も多くあるが、安定した心で戦うためにはその精神力を生み出す根源の〝反復による準備力〟が必要だということだ。

これを痛感させられる出来事があった。

ある4年生大会のとき、諸事情であまり練習に参加できていない子を練習試合で投手として起用したが、力のあるボールを自信いっぱいに放り込んでいた。その一方で毎日練習に来ている子にも登板させたところ、こちらは緊張で腕の振りが縮こまってボール球を連発。だから、その子には「思い切りビシッと投げたらええやんか。なんでストライクをフワッと放りに行ってしまうねん」と指摘した。これは一見すると、2人がもともと持っているメンタルの「強い」「弱い」で明暗が分かれているように感じるだろう。だが私はあることに思い当たり、次の日に「昨日はごめんな。俺が間違ってたわ」と謝った。

私は何を考え直したのか。実は前者の子はグラウンドに来られない日があっても、時間があるときは家で兄と投球練習だけをしていた。そして後者の子は普段、みんなと同じ練習ばかりで投手としての練習をまったく積んでいなかったのだ。強いボールを投げられる力があっても、慣れていないことをさせるとあれだけ緊張してしまうんだな…。そう気付いた私は普段の練習に別メニューで30分間、投球練習を組み込むようにした。ちゃんとマウンドに立ってからアウトコースに放る練習、スローボールを放る練習、セットポジションから放る練習、けん制球の練習…。こうしたものを経験させることで実際、先ほどの4年生は試合でビシッと放れるようになっていった。

ここぞという場面で投手のコントロールが甘くなったり、打者が1球で仕留められなかったりすると、反省点として「メンタルが弱かったです」と言う人は多い。しかし私は、実はそういうシチュエーションの練習をやり込めておらず、単純に技術が足りていないだけなのではないかと思っている。そこを「精神力が足りないからだ」と捉えるから子どもたちに精神的なプレッシャーを与えて追い込んでいく指導に進んでしまうのであって、本当に子どもたちの力を発揮させたいのであれば、徹底的に準備をしてむしろ心に余裕を持たせてあげることが大切だと思う。

野球以外の経験ができるチャンスがあればパッと切り替えて子どもたちに味わわせる

先日、4年生チームが滋賀県の大会に出たときのことだ。その日の会場は普段あまり馴染みのない守山市民運動公園で、「多賀」が出るのは第2試合。1試合目の進み具合を見ながら、そろそろウォーミングアップをしようかと子どもたちを連れて空き地へ向かっていく途中、無料で見学できる「ほたるの森資料館」を発見した。

そこで私は歩く方向を切り替え、そのまま資料館の中にずんずん入っていって、子どもたちと一緒にホタルの卵や幼虫などを観察。学芸員の説明にも聞き入った。その後、試合のメンバー交換に呼ばれて私が抜けた後も、子どもたちはホタルや展示された資料、折り紙コーナーなどに夢中。最後はみんなで記念写真を撮影し、私が「よし、これでアップは終了やな」と言って、まったく体を動かさずに試合会場へ戻った。

実は、私がこうやって急に野球以外のことをするケースはよくある。

たとえば「みんなで小旅行しようか」と言っていきなり予定を変更してバスに乗って琵琶湖博物館に出かけたり、遠征時にはご当地の観光名所に寄ったり。全日本学童大会では「せっかく東京に行くのだから」と浅草でお参り。開会式が終わったら今度は国会議事堂に行ったりもする。新潟県開催だった２０２０年の同大会はコロナ禍で中止となったが、前回優勝ということで唯一出場が決まっていた私たちは開会式に参加させてもらえた。その移動の途中、バスを止めてみんなで海に入ったりもしている。また私たちが活動する多賀町は琵琶湖の東側にあるため、反対側から琵琶湖を見る機会は少ない。だからこそ、西側の地域へ試合に行くときはよく琵琶湖に寄り、普段とは違った景色を見せている。

これらは決して計算してやっているわけでもないのだが、子どもたちにとっては貴重な体験だ。「野球をしているからそれ以外のことは何もできない」という環境にはしたくない。目の前にふと現れたチャンスを「野球があるから」という理由で奪わないようにしたいのだ。

先ほどの話で言うと、ホタルの資料館を見つけたときは私もすごく気になったし、「子どもたちも絶対に見たいだろうな」と思った。また、その日は試合後に時間がないことが分かっていたので、「じゃあ今しかない」と。守山市はホタルが有名な地域。その土地でしか味わえないものは、できるだけ子どもたちにも味わわせてあげたい。新しい知識も増えるし、感性も豊かになるし、いい思い出として記憶にも焼き付くと思う。

もちろん、目的は野球なので「そんなことをしているから集中できずに試合に負けた」では意味がない。ただ、「多賀」の子どもたちには普段から切り替えの大切さを伝えているし、各自で考えてしっかり動けるように準備することも促している。実際、その〝ホタル〟の日も試合前にはパッとスイッチが入り、強敵相手に集中力を発揮して勝利。野球にはマイナスへ働かずに野球以外の部分の経験値が上がったわけで、大きなプラスになったと思っている。

その土地でしか味わえないものや、知りえないことなどは
いい思い出として経験させてあげたいと思っている

「○○しなさい」という言葉で動かすのではなく子どもの心を動かして勝手に動くように仕向ける

私たちが日本一になれたのはさまざまな要因があるが、本質は子どもたちへの接し方にあると思う。端的に言えば、子どもたちに「この行動をしてほしい」と思ったとき、もともとは声掛けによって「動かす」ことをしていたのだが、今は自分から勝手に「動く」ように仕向けることを考えている。

たとえば、子どもたちに「挨拶をちゃんとしなさい」「大きな声でハッキリと言いなさい」などと教えているチームは多いと思う。たしかに大事なことかもしれない。ただ、じゃあ飲食店の中や病院の中でふと会ったときに「こんにちは〜!」とデカい声で挨拶をされたら、その相手はどう思うか。おそらく、その挨拶は逆に迷惑な行為になってしまうだろう。

私の場合は、子どもたちを集めてこういう言い方をする。

「はい、みんな集合〜。多賀がいつも遠征に行くことは少ないけど、今日は遠征に来た。このグラウンドには４チームのいろんな土地で育った子どもたちが集結してる。お前らは滋賀県の中で育っているけど、全然違うところで育った子は全然違う言葉やし、全然違う性格なんや。今日はそういう子らとどれだけ友達になれるかが大事やぞ。でもな、急に喋りかけたらビックリしょうる。だから、喋る前にまず『おはようございます』と言ってからいろんなこと聞いてみぃ」

そう言うと子どもたちは相手チームの選手はもちろんのこと、監督だろうが親だろうが関係なく「おはようございます」と挨拶をしてから喋り始めていく。こちらは「挨拶しなさい」と一度も言っていないが、自然と挨拶をするようになるのだ。

さらに言えば、ただ「大きな声で挨拶をしなさい」と言われて形だけやっている挨拶と、本当に「話したい」「仲良くなりたい」と思いながらそのきっかけとして行なっている挨拶とでは、表情も態度もまったく違う。「多賀」の子どもたちは練習試合を行なった相手とすぐコミュニケーションを取って仲良くなり、なかにはもう名前で呼び合っている子もいたりする。そのチームのバスが出発するときはみんな一生懸命に手を振りながら、「さよなら〜！」「またね〜！」「バイバーイ！」と、自然と大きな声で見送っている。そうやって思いを伝えるのが本来の挨拶の意味だとも私は思う。

…と、たとえば挨拶1つ取ってもそういうふうに仕向けていったからこそ、子どもたちが自ら行動するようになった。また私は普段から、声が大きかろうと小さかろうと「いい挨拶やなぁ」と言ったり、みんながダラダラしている中で1人だけしっかりボール集めをしている子に「○○、ボール集めに真面目やなぁ」と言ったりしている。そうすると子どもたちは何だか嬉しくなって、その行動をまた続けようとするものだ。つまり、子どもたちの心をどう動かすか。これを野球でも実践したから日本一になれたわけだ。そして、今は保護者の方々にもそれを理解してもらい、『『○○しなさい』という言い方ではなく、子どもたちが動くような言葉掛けをみんなで考えていきましょう」と伝えている。

自身の過去の実体験から得た教訓「男の子の反抗期は父親がつくるもの」

ＯＢの則本がプロ野球の世界で活躍していることで、私たちは「則本が少年野球をしていたチーム」というイメージで見られることもよくある。そして、子どもたちがみんな本当に野球を好きになってくれているので、もしかしたら今後も「多賀」からプロ野球選手が誕生していくかもしれない。ただハッキリ言うと、私たちはそういうモチベーションで野球をやっているわけではない。むしろ私は「多賀」のことを「プロ野球選手になることを勧めない少年野球チーム」だと公言している。

と言うのも、プロ野球というのは一生懸命に努力して野球がうまくなった子どもに対して、会社側が値段をつけて買ったりクビにしたりする世界。もちろん商売だから仕方ないことではあるのだが、そもそも私が「野球＝レジャー(自由時間で行なう娯楽)」という感覚で子どもたちと接しているので、「プロ選手の育成を目指す」というのは本来の目的とはまったく外れてしまうのだ。

ただ、もちろん子どもたちは大いに上の世界を目指してもらっていい。「プロ野球選手になりたい」「野球をずっと続けたい」「高校野球で甲子園に出たい」…。大きな目標を持つことはその後の成長につながると思う。私も実際に2人の息子がそれぞれ甲子園に出場しており、憧れの舞台に立つことの素晴らしさを肌で感じている。甲子園のアルプススタンドで応援をしているときなどは、自然と涙が出てきたものだった。

ここで、私の子育ての話もしておこう。

私は現役時代を近江高校で過ごしたが、当時はまだ全国大会の常連になる前。3年間のうちに甲子園出場を果たすことはできなかった。その夢を息子たちに押し付けるつもりはなかったが、実は男の子が産まれてきた瞬間から「将来的には野球をやらせて甲子園に出場させたい」という企みがあった。そして小さいうちから丸いボールなどを与え、立って歩くようになるとグラウンドで遊ぶ習慣をつけさせ、家のテレビでは野球アニメの『キャプテン』と『第三野球部』を延々と流して、とにかく頭の中に野球のイメージを刷り込んだ。あくまでも親の立場を利用して強制するのは嫌だったので、環境だけはしっかり整えておいて、自分から「やりたい」と言ってくるまでずっと待っていたのだ。

無理強いをするのではなく、どうやって子どもの心を動かして導いていくか。この感覚は、先ほど話した現在の指導にもつながっていると言えるかもしれない。

そして私の思惑通り、2人の息子は野球を好きになって「多賀」へ入団。その後も野球を続けた。また、2人には「野球だけじゃあかんぞ」「勉強もしておいたほうが得や」とも言い続けた。

「俺は高校のときな、英語の先生にこう言われたんや。『野球50、勉強50でやろうと思っているやろ。それは間違いや。野球が100で、勉強も100。人間はそのときそのときで100の力を出せるんや』。これをお前らにも言っているんやで」

長男・天薫（たかまさ）は「勉強と野球を両立して甲子園に行きたい」と進学校でもある彦根東高校に入り、3年夏に二塁手として甲子園出場。卒業後は広島大学へ進み、現在は滋賀県の公立高校で教員をしている。1つ下の次男・心薫（もとまさ）は大阪の履正社高校へ入学し、2年春と3年春に三塁手としてセンバツ出場。2年夏は惜しくも府大会決勝で敗れて兄弟同時出場はならなかったが、3年春は満塁アーチなどを放って甲子園準優勝に貢献した。さらに同志社大学でもプレーし、現在は大和ハウスに営業マンとして勤務。今ではそんな息子たちから話を聞いて私のほうが勉強させられることもあり、立派に育ってくれている。

こうして私の子育ては順調に進んできたわけだが、実はその裏には私の過去が大きく関わっている。この話は「多賀」の保護者の前でもよくさせてもらっている。

少し長くなるが、まず根底にあるのは私の幼少期だ。実家は自営業をしていて、両親とも帰ってくるのは夜8時過ぎ。私は3人兄弟の長男でずっと放ったらかしにされた。家にはおもちゃがたくさんあり、隣に住む一人暮らしのおばあさんに面倒を見てもらう毎日。後から聞いた話では、実はその人もアルバイトで雇われていたそうだ。

そういう状況も手伝って、私は小学生時代にヤンチャに走ってしまった。いわゆる学校の〝番長〟のような感じで、先生たちもかなり手を焼いていたという。環境を変えるために引っ越しも経験したが、性格はなかなか変わらない。テストでは平均以上の点数を取れていたのだが、もともと好奇心旺盛なタイプで校則に縛られるのが大嫌い。赤いTシャツを着ることや髪の毛を伸ばすことがなぜ授業の妨げになるのか。これは良くてこれはダメという基準はどこにあるのか。そんな思いがあって、よく学校を抜け出したりもしていた。

そんな私が中学校に入って唯一、ちゃんと取り組んだのが野球だった。当時の多賀町にはもちろん少年野球チームがなく、「何か部活動に入らなければ」と思ってたまたま選んだのが野球部。ただそのときの監督がすごく頭を使った野球をする人で、秋の新人戦ではあっさり負けるのに、3年生が最後の夏の大会を迎えるとなぜか勝てるようになっていた。初めて教えてもらったトリックプレーのようなけん制球にも衝撃を受け、「野球って頭を使ったらこんなに面白いのか」と、どんどんのめり込んでいった。私が「考える野球」を目指すようになったのも、学校に顔を出すようになったのも、間違いなくその先生のおかげだと思う。

さて、野球にハマったことで道を外れることは何とか阻止できたのだが、中学時代には父親から初めてワーッと声を上げて叱られた。

「お前、なんちゅう言葉遣いや！」

そこで私も頭に血が上り、「俺の何を知ってんねん！」と言い返した。

「じゃあウチの担任の名前を言ってみぃ。俺の友達の名前を一人でも言ってみぃ」

父親は何も答えられなかった。当時は仕事ばかりしていて経済的には潤っていたものの、私たち子どものことについて何も知らなかったのだ。

「今までのことを何も分かってないのに、今ごろになってエラそうにするな！　俺はお前みたいな父親には絶対にならん！」

そう言って家の壁をバーンとどついた。その穴は今もまだ残っているのだが、私はそこから家出を繰り返した。

雪解けは進路を決めるときだ。ちょうど近江高校の野球部が強くなってきた時期だったので、私は「(私立の)近江で野球がやりたい」と両親に伝えた。てっきり「ダメだ、公立へ行け」と言われるものだと思っていたところ、父親がこう言った。

「お前がやりたいんやったらやってみろ」

そのときに初めて「分かってくれた」「自分のやりたいことを認めてくれた」という感情が出てきた。そして父親への反発心がスーッと消えていった。

今思えば、小学生のときから運動会や参観日や子ども会など、何か集まりがあるときも私は常に人に預けられている状態だった。また一番ショックだったのは、友達の家に遊びに行こうとしたら「ごめん、これから家族で琵琶湖に釣りに行くんや」と言われたとき。私には家族みんなでどこかへ出掛けた記憶などほとんどない。こうしたことを根に持っていたわけではないのだが、やはり一瞬だけ寂しいときというのが昔からあり、「自分の気持ちが分かってもらえない」という思いが積み重なっていたのかもしれない。

だから現在、「多賀」の親御さんたちには「男の子の反抗期は特に父親がつくるもんや」と伝えている。子どものことを全然知らなくても子どもの体は大きくなっていくものだが、そんな状態が続くと、ここぞというところで父親が上からガツンと言って「男対男」の勝負をかけたときに一気に反抗されるのだと。少年野球チームに子どもを入団させる親というのは基本的にみんな子育ても好きで熱心な人たちなので、もちろん心配はしていない。ただ父親と一緒に出掛けた経験、何かを一緒にやり遂げた経験というのを大切にしてほしいと思っている。

まずはとにかく家族を大事にすること親がしっかり向き合うことで子どもは育つ

もう少しだけ、私の人生の続きを話そう。

近江高校に進んだ私は野球部に入り、三塁のレギュラーになる。当時のチームは試合をオーソドックスに進めながら、最後は相手に力勝負を挑んでいく野球スタイル。ただ私はその中でも相手の心理を読み、常に状況を考えてプレーするようにしていた。たとえばセーフティーバントをしそうな雰囲気がある打者に対しては、わざとスキを見せてバントを促しておいて、いざ転がしたときにはもう目の前に詰めていてアウト。相手のスクイズなどもそうやって封じたりと、駆け引きをしていくのが楽しかった。

高校でも態度は悪いほうだったが、実は特進クラス。だから周りの生徒のほとんどは卒業後に大学などへ進んだ。そんな中、私は「進学よりも就職や。いち早く社会に出てたくさん稼ごう」と考えて、スポーツ用品メーカー「ZETT」に就職。さらに当時は日本経済のバブル期だったこともあって、「こんなに儲かるんやったら独立したほうがええな」と思い、20歳のときに退職して小さなスポーツ店を立ち上げた。「多賀」をつくったのもちょうどこの頃だ。

仕事はとにかく順調で楽しかった。テニスラケット、ゴルフ用品、ローラースケート、スケートボード。置いてある商品がどんどん売れていくのだ。そして、他にも事業を展開。運送業や当時はめずらしかった人材派遣業なども始め、趣味で取っていた大型自動車二種免許を生かして夜はタクシー運転手のアルバイト。経済的にどんどん潤っていき、23〜24歳のときには一番大きなベンツに乗り、高級時計やアクセサリーを身につけ、まだ普及していない時代に最先端の携帯電話を持っていた。さらに「しっかり勉強もしておこう」と近畿大学の夜間に4年間通学。また早くに結婚もしており、まさに順風満帆だった。

…が、転機になったのは1995年、長男が産まれたことだった。

子どもの誕生にものすごく喜んだ私だが、そこで今まで自分がやってきたことを振り返ったのだ。仕事が大好きで儲かるからどんどんのめり込んでいく…。私の幼少期の父親の姿とまったく同じだった。

「これじゃアカンわ。もっと家族を大事にしよう。土日祝日が休みで平日は17時に帰れる仕事は何や。そうか、公務員や！」

そう思って、今の仕事（国家公務員）に転職した。20代後半にして金銭感覚も一気に変わり、車をはじめさまざまな物を売り払い、食事も衣服もすべて一般的なものへ。そして「これからの人生、余った時間は家族に使おう」と決めた。1番目が家族、2番目が仕事、3番目が野球。この順番は今も崩していない。

公務員になった私は、平日は仕事が終わって帰宅するとすぐに息子2人を連れて遊んだ。また保育園での話も聞き、先生の名前も友達の名前もみんな覚えた。小学校に上がると入学式はもちろん、参観日も懇談会も私が出席。「この子のことは全部知っている」と言えるくらいの存在になれば自分みたいに親に反発するような子どもにはならないだろうと思って、ずっと子どもたちに携わってきた。おかげで2人とも反抗期はまったくなかったし、今もずっと仲の良い関係が続いている。

ちなみに長男は昔から成績優秀で、中学時代は入学式の「新入生代表の言葉」に推薦された。担当の先生から「この原稿を読んでもらいます」と言われて用紙を見せられると、すかさず「あっ、これくらいなら読まなくても大丈夫です」。それ以降、生徒が暗記して言うことが伝統になったそうだ。実は中学校の校長は私の中学時代を知る先生で、最初は「辻の息子が来る」と警戒していたらしい。さらに長男がその後は生徒会長にもなったので、「お前がこんな子を育てるとは思っていなかった」とすごく驚かれた。

私は子どもが産まれたと同時に、自分の少年時代の写真をすべて焼き捨てている。私の過去の失敗はずっと黙っていて、2人が高校生か大学生あたりのときに「実はなぁ、お父さんは昔ヤンチャやったんや」と打ち明けた。実際は2人とも勘付いていたようだが、ともかく私は自分の人生の失敗から子育てと向き合うようになったのだ。それは「多賀」の親御さんたちにもちゃんと伝えているし、だから少年野球の指導においてもちゃんと子どもたちを見ていきたいと思っている。

どんな人間でも幸せになれる その瞬間を見るのがエネルギー源

私の中でエネルギーが湧き立つ瞬間というのは、人が幸せになっていく姿を見たときだ。だから野球以外の部分でも悩み事の相談には乗るし、親御さんに代わって子どもたちを導いたりもする。

現在、「多賀」にはチームで抱えている審判員が1人いる。そもそも公式戦では各チームから1人ずつ「責任審判員」を出すのだが、多くの場合は6年生の保護者が務めるのが普通。しかし「多賀」では、岸邉尽という20代前半のOBにやってもらっている。その彼も、実は私が更生に携わった人間の一人だ。

ほんの数年前くらいの出来事だが、〝ジン〟の親から私のところへ電話が来た。と言うのも、実は彼は高校時代に問題を起こして学校を辞めている。ただ両親が「大学には何とか入れたい」と通信で高卒資格だけ取らせて、大学へ通わせていた。私は「勉強も嫌いやし、高校にも行かへんし、やりたいことも決まっていない。そのジンに大学って、何の意味があるんや」と伝えていたのだが、要は学歴などの世間体を気にしたわけだ。そして私に来た電話では「ジンが悪さをして警察沙汰になった」と。

実際にジンが何をしたのかと言うと、女性に騙されてお金を注ぎ込むようになり、そのうちに自分に家の物を質屋に入れたり、大学でカツアゲをしたり。それで警察に捕まり、親に連絡が来たのだという。

私は彼の家に出向き、まずは事情を聞いた。しかし両親が「こうなんです」と説明することにどうも納得がいかない。結局、息子から聞いた「悪い仲間に無理やり連れて行かれて断れなかった」という嘘の言い訳をそのまま信用していたのだ。おそらく親子でずっと一緒に暮らしているからこそ、ふだんから空気を悪くしないようにしようとごまかしながら生活してしまっていたのだと思う。

私は「それ、ホンマに信用してるの？　全部嘘やで」と言って、今度は本人を問い詰めていった。ジンも最初は「いや、本当です」などと言っていたが、私が「ホンマか？　お前が一人でやったことやろ。俺のことは騙せへんぞ」「よし、じゃあ今から駅に行こう。お前の説明したことがホンマにあったんやったら、防犯カメラに全部映っているはずや」「さっき、コンビニで悪い仲間と待ち合わせしたって言うたな。その防犯カメラも見てみるか。もしも嘘やったらお前、承知せんぞ」と詰めていくと、震えながら「嘘です……」。私は両親が見ている前で厳しくお灸を据えて、こう言った。

「ええか。お前に大事なことを3つ言うぞ。嘘をつかないこと。時間を守ること。ハンコを押さないこと。人間、この3つだけでええんや」

そこからは大学を辞めさせ、「人と会わずに黙々とできる仕事が良い」と勧めると、彼は真面目に農業に取り組み始めた。さらに「少年野球にも手伝いに来い」。そして「ウチの責任審判員をやれ。保護者からも喜ばれる。人のために動け」と。彼は3つのことをちゃんと守っており、チーム内では「ジンくん」と言ってすごく慕われている。特に人から頼られることがものすごく嬉しかったようで、今では母親の実家のお寺を継ぐための修行にも励んでいる。警察沙汰まで行ってしまった人間であっても、ちゃんと更生できるのだ。

また別の例で言うと、たとえば学校への登校を拒否する子がいたりもする。その傾向を直したいと思って「多賀」に来る子も少なからずいるのだが、そんな親の悩みに対して私はこう言ったことがある。

「学校で規律を学んだところで将来は何にもならんっていうことを分かっている。この子は天才やで。お母さん、高校なんて無理に入れようと思ったらアカンよ。行くこと自体が無駄やと悟っているんやから。で、何か自分に合うものを見つけたらスイッチが入って、その道での職人になるかも分からん。だから、行かせるんやったら専門学校がええんちゃいますか」

そして、その子にはこう話した。

「今はアカンかもしれないけどな。とにかく15歳まで我慢して中学までは席を置いて、卒業したらすぐ働け。大人っていうのはな、どれだけ最後好きな仕事ができるかや。みんな見てみぃ。やりたくもない仕事をして、ゾンビみたいな顔をして働きに行っているやろ。でもお前は、すでに好きなことを見つけようとしているんや。その道で行け！」

すると、その親子の表情はスーッと楽になっていった。

そして少しでも幸せになっていく様子を見ると、こちらも幸せな気持ちになる。私はそうなりたいという一心で、それぞれの親子と接している。

常に生き生きとした表情でプレーをしている多賀の子どもたち

第5章　目指すべき少年野球の形

勝手にルールをつくって規則で縛るのはリスク大 その場の状況で臨機応変に考えていけるように

日本人の昔ながらの気質なのだろうが、コロナ禍の現在も含めて「ちゃんとルールをつくって線引きをしてほしい」「決まりをしっかり守ることが絶対に正しい」と思い込んでいる人はものすごく多いと思う。それは少年野球でも同じで、たとえばサポートしてくれる保護者がいつの間にか「チームの規則」を勝手につくってしまっていることがある。

たとえば「多賀」でも今年、保護者のグループＬＩＮＥで「試合中はクーラーボックスをベンチの中に入れないでください」というメッセージが出回り、決まり事のように認識されてしまったことがあった。その理由はおそらくベンチの中が荷物でいっぱいになり、狭くて子どもたちが座れないことがあったからだろう。しかし、クーラーボックスをベンチに入れようが入れまいが、目的は水分をちゃんと摂れるようにすることなのだから、本来は「今日はベンチが狭いな」と思ったときに「ちょっとベンチの外に出しておこうか」とか「飲んだらまた邪魔にならないところに置こう」と各自が考えて対応すればいいだけの話。その場の環境に合わせて臨機応変に判断すればいいのであって、理由も語らずに「これを守ることがすべてだ」と規則で縛り付けるのは日本人の悪い癖だと思う。「昔こういう生徒がいたから」という理由で、今の生徒たちのことをまったく考えずに変なルールを守らせる〝ブラック校則〟と同じだ。

私は保護者を集めてこう言った。

「僕の身に覚えのないルールができていてビックリしました。みなさんには何度も言っていますが、規則は勝手につくらないでください。唯一のルールは、私と保護者の方々とでつくった保護者会の会則だけ。それ以上でもそれ以下でもありません。あとは各自で判断してもらうのが多賀のやり方で、それが僕らのやっている〝考える野球〟なんです。『こうしなさい』とサインを出されて動くような野球はしていません。大人が勝手に線引きをするんじゃなくて、子どもたちが各自で状況を判断して、それをみんなで相談して『じゃあ今日はこのルールでいこうか』と。そういう臨機応変な考え方でやっていきましょう」

振り返れば、息子がいた中学野球のチーム「HIKONE JBoy's」で私たち辻家が保護者会長を務めていたとき、妻と大ゲンカになったことがある。保護者会に代々伝わってきたルールがあって、私が「目的はこういうことなんだからこうしたほうがええんちゃう？　そうすれば指導者の思いにも応えられるし、親の負担も楽になるし」と言うと、妻は頑なに「いや、上の世代から言われて今まで続けてきたことなんやから、それをせなアカン」。やはり多くの人はルールがあると「絶対に守らなきゃ」と思って、思考停止になりがちなのだ。

そしてルールというのは、いったん広まるとかなり浸透してしまう。

これはだいぶ前の話だが、保護者の誰かが「スポーツをするのに炭酸飲料を飲むのは良くないんじゃないか」という意見を出した。すると、それを聞いた人が「炭酸はアカンな」と言うようになり、そのうちに「炭酸はアカンらしいで」。いつの間にか保護者の間で「炭酸を飲むのは禁止」になっていた。それが私の知らないところで実は10年ほど続いていたらしく、発覚したときに「そんなことは一度も言ってない。言うわけないいやん」と言うと、多くの保護者が「えっ？　多賀は炭酸禁止って聞いていました」と驚いていた。

あるいはもっと昔、保護者が周りの強豪チームの真似をしようとして、「昼飯はおにぎりに限る」「おかずは持ってこない」とルールを決めていたことがある。要は「強いチームがやっていること＝正しいこと」だと捉えていたわけだ。私はそれがすごく嫌だったのだが、当時は20代で保護者よりも明らかに年下だったため、強く言えなかった。なぜおにぎりなのかと言うと、つくるのが楽だとか、手軽に食べられるとか、お弁当にすると各家庭の環境によって差がついてしまうとか、おそらくそういう理由だと思う。ただ、そもそもグラウンドに来た目的は野球をすることであって、子どもたちからすればそんなことは関係ないのだ。スムーズに野球ができるようにするためのルールだけちゃんと決めておいて、あとのことはその場に応じて判断すればいい。ちなみにこの会則は私が保護者の年齢に近づいた頃、ようやく廃止することができた。

こうしたルールをつくると、「あのチームは保護者会が面倒だよ」という噂もついて回るようになってしまう。もしかしたら一部の人がそう感じただけで、実際のところは本当かどうか分からないのかもしれない。だが口コミの力は大きく、その噂によって親子が野球を敬遠してしまうケースも全国には多々あると思う。

もちろん、ルールをつくって守ること自体がダメだと言っているわけではない。社会の秩序を守れる人間になるために、規律を守る大切さを学ぶことは必要だ。ただ、それは学校の義務教育で教えてもらえばいいことであって、少年野球チームまでもが規則でガチガチに縛って「この中から出てはいけませんよ」という教育をするのは違うと思う。ケガや病気など命に関わってくること以外はできるだけ冒険させてあげる。そして子どもたちが自由にルールを考えてつくっていく中で、「一般常識としてこれはやったらアカンよな」というものを自分たちで気付けるようにしてあげる。それが私たち少年野球、スポーツ少年団の役割だと思っている。

保護者にはいろいろな形で思いを伝えていく 信頼を得るための秘訣は決断力と行動力

先ほどのルールの件も含めて、やはりチームにとっては指導者と保護者の付き合い方がすごく重要だと思う。私の場合は保護者を集めて喋る機会が年間のうちにも何度かあり、またフェイスブックやＬＩＮＥのタイムラインでもいろいろな発信をしている。さらに毎週流している連絡のときにもひと言コメントを入れたりしているので、わりとこちらの思いや考え方などは理解してもらえているのではないか。

保護者によく伝えているのは、子どもたちに対して「なにくそ」と思わせて奮起を促すのではなくて、事実を伝えてほしいということ。たとえば「それではレギュラーになれへんぞ」「そんなことでは負けるぞ」「そんなことをしていたら野球を辞めさせるぞ」といった言葉には具体性がなく、ただ腹を立てさせるだけで何の効果もない。それならば「この課題をクリアしたらレギュラーになれるぞ」「こういうことができれば勝てるぞ」と言ったほうが、子どもたちも次に向かっていける。第4章でも説明したが、親御さんにもそういう現実味のある言葉掛けをしてもらいたいのだ。

また、「野球の部分で自分の子どもに対して思っていることは、すべてグラウンドの中で伝えてください」とも言っている。練習が終わって時間が経ってからああだこうだ言って反省を促したところで、根本的な解決にはならない。だから間違っても帰りの車の中で伝えたりはしないでほしい、と。さらには「こんなことしたら監督に言うで」などと、脅したりしないでほしいとも伝えている。たとえば勉強が嫌いな子どもでも、好きな先生が教えてくれる教科というのは自然と成績が上がるもの。私もそれを目指していて、子どもたちから大好きになってもらうことで野球の成果も上げていきたいので、「監督＝怖い人」だというイメージは与えてほしくない。

あと私がこだわっているのは、子どもが指導されている内容を保護者の方々にもしっかり聞いてもらうこと。特に今は大所帯にもなってきたので、私たち指導者も常に一人ひとりを指導するというよりはチーム全体に向けて喋る機会が多くなっている。そんな中、保護者の頭に指導内容が入っていればいざというときに親子で確認ができるし、みんなが同じ方向を向くことができる。またグラウンドでは「スマホで子どものプレーの動画を撮ってください」とも言う。実際、その場で本人に動画を見せて「思った通りに動けていないのが分かる？」「うん。動けてない……」「じゃあもっと思い切って動かさないとアカンな」なんて会話もよく行なわれている。もちろん良い思い出にもなるし、親子で一緒に野球がうまくなっていくからグラウンドがすごく楽しい空間になる。

「多賀」の保護者たちはみんな、おそらく「手伝いに来ている」という感覚ではないのだと思う。グラウンドでの雑用と子どもの送り迎えだけだったら大きなストレスにもなるだろうが、子どもと一緒になって楽しめるのだ。そして結果的には、私が何も言わなくてもいろいろと積極的に動いてくれている。これこそ究極の「応援」の形ではないか。

さて、一方で私たち指導者は保護者の方々からちゃんと信頼を得なければいけない。特に「多賀」の場合はいわゆる〝スポ根〟の人が少なく、指導者がどういう人間なのかをちゃんと分析して見極めている人が多いので、物事を理論立てて説明できる指導者でなければ信頼されないと思う。「指導者」という肩書きがあると「周りから認めてもらえている」と勘違いしやすいが、指導者として認められているかどうかは保護者が決めていくものだと思う。

そういう意味ではやはり、普段から子どもたち一人ひとりと接してそれぞれのストーリーを見てあげることが大切だ。

そもそも私は個人的にも、人が多いからと言って「一対一」の関係が希薄になるのは好きではない。だからたとえば練習中、パッと1人の子に近づいていって「塾行ってんの?」「何の教科が好きなん?」「先生は何て名前?」などと野球以外の会話もする。そういうことを喋ってどんどん記憶していると、パッと会話をしたときに保護者から「ウチの子とこんなに喋ってくれているんや」と思ってもらえたりもする。特に本人しか知らないことをこちらが知っていると、信頼関係はグッと増していくのだと思う。

また、私が保護者との信頼関係を築く上ですごく大きな要素だと思っているのは、決断力と行動力だ。

人間というのは、「これだ！」と強く決断してすばやく行動していく人についていくもの。先ほど「臨機応変に考えることが大切だ」とは言ったが、それはあくまでも大きなチーム方針がしっかりとあって、みんなが同じ方向に向いていることが前提の話。さまざまな意見を持つ保護者がいる中で、指導者が低い位置にいて何でもかんでも「自分たちで考えてやっていいですよ」とだけ言って丸投げしたら、おそらくみんなが迷っていろいろな問題が起こるだろう。だが、そこで監督が柱となって1つの方向性を決めておけば、みんながそこに向かって走り出していける。幸い、私は何でもすぐに決断して行動するタイプなので、「監督、これはどうします？」と聞かれたらすぐにパッと答えを返せる。そういう部分も良好な関係を築けている一因ではないかなと思う。

「どんな子どもであってもすべて認める」グラウンドは心の拠り所であってほしい

少年野球チームの中にはいろいろな子どもがいる。将来的に甲子園出場を目指している子もいれば、もっとうまくなってプロ野球選手になりたいという子もいる。また近所の子が入ったから一緒に来たという子もいれば、友達づくりが苦手だから集団の中で過ごさせたいという親の勧めで入団した子もいる。当然、運動能力の高い子もいれば低い子もいるし、地元に住んでいる子もいれば遠くから通ってくる子もいる。環境も人それぞれだ。

ただ、私は保護者全員にこう言っている。

「どんな子どもであってもすべて認めます」

もちろんチームとしての大きな目標は日本一であり、野球の試合を通じて１つでも多く勝つことは目指している。だが、根本的にそれを目的としていない親子もいるんだということも理解しなければならない。そもそも私たち「多賀」の指導者も、プロ

すべての子どもを受け入れ、認めながらチームを運営している多賀。
預けた子どもを見守る保護者

フェッショナルな〝野球人〟を養成したいわけではない。卒団後も野球を続けてくれることは嬉しいものだが、決してその選択だけが素晴らしいわけではないし、「その後の人生でジャンプするための踏み台がたまたま少年野球だった」と考えてもらえればそれでいい。だからこそ、すべての子どもを認めながら運営していくことが大事だと思っている。

そして、そのためには各家庭の事情を知っておくことが必要だ。当事者ではないのですべてを理解してあげることは難しいと思うが、それでもできるだけコミュニケーションは取る。電話だと深刻な話になりがちなので、私の場合はわりと気軽に本音で話せるLINEでのやり取りが多く、保護者の車に乗せてもらう機会があればそこで会話もしている。またグラウンドでも常に喋っているし、当日の子どもの様子を見て「ちょっとテンションが下がり気味だな」と思えば、その親から相談が来る前にこちらから「今日はどうですか？」とアプローチをかけている。

さらに、私は何か相談を受けたらすぐに足を運ぶほうだ。実際に家での生活環境などを見て、初めて分かる部分も多い。「多賀」には事情があってなかなかグラウンドに来られない子もいたりするが、家の庭に素振りやティーバッティングができるスペースを設けていたりすれば、「グラウンドに来なくても自分なりにできる練習はしているんだな」とも理解してあげられる。それが監督に伝わっていると分かれば、親も気兼ねなく子どもを休ませることができるだろう。あるいはケガをして長期的に休まざるを得ない子もいるが、ふとしたときに顔を見に行ったりもする。自分が離脱していても「ちゃんと見られているんだ」という感覚を持ってもらえれば、グラウンドにもスムーズに戻れると思う。

なお、各家庭の事情というのは基本的に隠したくなるものだとも思うが、私は「みんなの前で喋ってしまったらどうでしょうか」と勧めることもよくある。何も知らない周りの人たちからすれば、少なからず「いつもはグラウンドに来ないのになんで試合の日だけ来て出場しているんだ」とか「あの子だけ監督から特別扱いされている」といった感情が湧いてしまうのも当然だからだ。

今のチームで言うと、たとえば小4で治療法がまだ見つかっていない難病にかかっている子がいる。小1のときから症状が出たそうで、どうやら血液中の有害物質の濃度が高くなることなどが原因。体の一部がムズムズして落ち着きがなくなり、酷いときは発作に近いような状態で日常生活がほとんど手につかなくなるという。その様子を収めた動画は私も見せてもらったのだが、彼がグラウンドに来て普通に野球をしている時間は奇跡なのだと感じた。親はこの数年、わらにもすがる思いでいろいろな病院を回り、お金をかけて民間治療にも励んでいる。当然ながら学校にはほとんど通えておらず、週1回、体の調子が良いときに数時間だけ行ければマシなほう。唯一、「多賀」の仲間と野球をすることが彼の心の支えになっているそうだが、グラウンドへの行き帰りの車の中でもギリギリまで症状と戦っていることがあり、私が同じ立場なら精神的におかしくなってしまうと思う。

なぜ「みんなに打ち明けよう」という流れになったのかと言うと、実は彼が先述の「勝手に決められていたチームの規則」を守れる状況にはなく、その親から「ルールを守れないけどチームを辞めさせたくはないんです。何とかなりませんか」と相談を受けたからだ。子どもをさらし者のようにはしたくないという思いも十分に理解していたが、変に隠していると保護者間でもわだかまりができてしまう。何より「多賀」の保護者はみな物事を冷静に捉える人たちばかりなので、事情を話せば必ず理解してくれるはずだ、と。

私は直近の試合の後にミーティングの場を設けて、彼の親に事情をすべて説明してもらった。その思いを聞いた保護者の中には涙を流す人もおり、みんなしっかり理解してくれたのではないかと思う。彼のような状態の子どもは、他のチームだったらおそらく受け入れてもらえないだろう。しかし、「野球に行きたい」という一心で努力している彼から野球を奪うことなど、私は絶対にしたくない。だから「どんな子であってもすべて認める」。そして、グラウンドが子どもたちにとって心の拠り所のような場所であってほしいと思っている。

野球の実力は学年ではなく野球歴に比例 早いうちから導いてあげるとうまくなる

一般的に子どもを少年野球チームに入れる親御さんは、「まぁ小4くらいからやらせればいいか」と考えている人が多いだろう。だが、私はこれまで33年間の経験を積んできた中で、導入の部分から野球を教え込んでいけばあとは勝手に育っていく、という実感も得ている。そしてできるだけ早い段階、たとえば小1からチームに入れておけば、6年間じっくりと野球を勉強できるので誰でもうまくなれると思う。

だから、もちろん高学年になってから入団を希望する子も受け入れてはいるが、「やらせるのであれば早いほうがいい」というのが私の考え。たとえば今年のチームがまさにそうだったのだが、小４のときから入ってきた６年生は野球を始めてまだ２年程度で経験が浅い。身体能力の部分で、速い球を投げたりドーンと打って遠くへ飛ばしたり、自分のところへ飛んでくることが分かっているノックの打球を処理したりするのはうまかったとしても、じゃあそれが試合につながるのかと言うと別問題だ。実際、打席から守備位置を見て空いているスペースを狙って打ったり、あるいは「こういう打球が飛ぶだろうからここを守っておこう」と考えて守備位置を動かしたりといった一瞬の状況判断の部分は、やはり遅れてしまう。

親御さんたちは子どもが入団するとき、「楽しければそれでいいんです」と必ず言う。たしかに、こちらも十分に楽しませる自信はある。ただ４年生のうちはそれで良くても、学年が上がっていくとだんだん「５年生なのに４年生に負けているのか」とか「お前、６年生なのに試合に出られないのか」と口にするようになる。親というのはどうしても、子どもの学年で物事を判断したがるものだ。

私は保護者に必ずこう伝えている。

「今から野球を始める4年生と、1年生から入団している4年生の子ではスタートが違う。僕ら指導者は、4年生から入団した6年生は〝2年生〟と同じやと思っています。なぜなら野球歴が2年だから。6年生だからと言って、全員に同じレベルを求めているわけではないんです。だから弟と一緒に入ってきた子は、1年後や2年後も、その弟と同じうまさやと思いますよ。こちらはあくまでも〝野球歴○年生〟として見て指導しているので、お父さんもお母さんも、周りの同学年の子ができていることができないときに『なんでお前はできないんだ』とか絶対に言わないでくださいね」

スタートの時点で周りから出遅れていることは理解できても、いざ自分の子どもが6年生になってみると「レギュラーを獲ってほしい」「全国大会に出て活躍してほしい」といった親の思いは強くなる。しかし、早めに入団していた同学年の子も一緒に年齢を重ねていくのだから、同じレベルにまで追いつけるとは限らないし、むしろ逆に差が広がっているケースだってある。そして事実、幼児や小1から入団している子はやはり成長が早いのだ。保護者には最後までそこを理解し続けてもらいたい。

そうやって考えると、子どもが自分から「これをやりたい」と言ったときになって初めて親が動き出すのではなく、あらかじめいろいろな道へ進めるように準備してあ

親がいろいろな方向に導いてあげて子どもに自分
でやらせていくことが子どもの可能性を広げる

げることがすごく大切だと思う。たとえば幼少期に英語を習い始めた子は、あまり苦労をせずに英語を喋れるようになる。スポーツも同じで、野球でもサッカーでも、早めに始めれば苦しまずにうまくなっていける。

私の2人の息子も、実は身体能力が高いかどうかは分からない。長男などは小学生のとき、「一番苦手な教科は何?」と聞いたら「体育」と答えている。それでも幼少期から野球を始めたことで「自分は野球がうまいんだ」と思い込み、好きになったからどんどんうまくなっていった。他のスポーツには決して秀でているわけでもないが、野球だけは特化していい動きを見せるのだ。もし私に「野球をやらせたい」という思いがなく、子どもたちが何か言ってくるまでずっと放っていたら、運動が嫌いな子になっていたかもしれない。

大事だと思うのは、親が子どもの自由にさせて放っておくことではなく、親がいろいろな方向に導いてあげて子どもに自分でやらせていくこと。親がどれだけ関心を持っているかという部分が、子どもの可能性を広げていくのではないだろうか。

コロナ禍で実感した野球をすることの幸せ「楽しくて強い野球」を全国に広めたい

2018年と2019年に全日本学童大会で優勝し、3連覇を目指して意気込んでいた2020年。新型コロナウイルスの感染拡大で大会が中止になり、その年の6年生は目標の大舞台で試合をすることができなかった。予選も開催できる状況ではなかったため、全国大会への出場が決まっていたのは前年覇者の私たちのみ。それだけに一報を聞いたときはかなり落ち込んだ。

ただ、そこからようやく活動が解禁されることになったとき、私はものすごく嬉しかったのを覚えている。そして久しぶりに子どもたちに会うと、みんなすごく嬉しそうな表情をしていた。そのときに思ったのは「全国大会に出て勝つことが最終目標じゃなかったんだ。やっぱり野球ができることが一番楽しいんだな」ということ。彼らの笑顔を見ていたら、「野球をすること自体がこんなにも幸せなのか」と思えたのだ。

全国には、大会がなくなったことにずっと落ち込んでいた人もいれば、「目標を失って子どもたちがチームを辞めてしまうんじゃないか」と悩んでいた人もいるだろう。私も実際に周りからそういう話を聞いた。ただ「多賀」の場合は、全国大会の常連チームだから子どもたちが集まっているのではない。

「このチームで野球がしたい」

「このグラウンドに行くのが好き」

そういうモチベーションで野球をしているのだということを、強く感じることができた。

ここまで私たちのチームのことをずっと説明してきたが、それでも周りの人たちは心のどこかで「楽しい野球って言うけど結局、普段は厳しいんだろうな」と思っていることが多い。私に近しい人でさえ、実際に練習を見学したときに初めて「ホンマにいつも楽しい野球をしているんやなぁ」と言ってくるくらいだ。知らないものに対して勝手なイメージを抱き、自分たちに理解できないことがあると否定から入るのは人間の悪い癖。言い訳をつくりながら自分たちで勝手に解釈をする人が多く、「それは多賀に合っているだけでウチの場合はまた別」とか「そのやり方は辻さんだからできるんですよ」などとよく言われる。だが、理に適っていないことをしているわけでは

2021年の全日本学童大会ではベスト８進出。史上初の３連覇こそ逃したが、試合ごとに選手たちの成長を感じ取ることができた

ないのだから、決して私たちだけが特別だということはない。

今後、特に大きく変わってほしいなと思うのは〝強いチーム〟だ。

私は決して勝利至上主義が悪いとは思わない。勝負事だから結果を求めるのは当たり前で、相手よりも上に行きたいというのは動物としての本能の部分。また、勝っているチームは育成もしっかりできているものだ。試合でなかなか勝てないチームが「勝ち負けは二の次。楽しい野球をします」と言っても、やはり勝てなければ子どもたちは楽しくないだろうし、いくら頑張っても成長が見えてこないのであれば野球を辞めてしまう。だから絶対に、「負けてもいいから」なんてことはない。

ただし、チームを勝利へ持っていくための手段は考えなければならないと思っている。これ以上、罵声やペナルティなどでストレスを与えていくやり方が正しいことのように広まっていくと、子どもたちはどんどん野球から遠ざかり、最終的には野球そのものが衰退してしまう。逆に今スパルタ指導で教えている強いチームがあったとして、その指導法のまま子どもたちのストレスだけ取り除いてあげることができたら、「楽しくて強い野球」が実現できる。そういうチームが増えていけば、そこを目標にするチームも増えるので、日本の野球界は一気に変われると思う。

少年野球チームの役割は形式的な教育ではない野球をする価値を見つけていくことが必要

私たち少年野球チームが求められているのは、家庭や学校では教えられないものを経験させてあげること。だから「教育」という言葉を出して学校の真似をするのは違うと思うし、たとえば挨拶や礼儀などを指導するのは親の役目だと思っている。

野球界には「教育」を理由にする形式的なしきたりがよくあるが、私たちはたとえば相手チームやグラウンド整備をしてくれた人たちに挨拶はしても、わざわざ誰もいないグラウンドに向かって挨拶はしない。それが必要なことだとするのなら、マシンにもボールにもバットにもすべて挨拶をしなきゃいけないことになる。規律が１００％必要ないとは言わないが、グラウンドでの目的は野球をすること。ならば野球を上達させたり結果を出させてあげたりして、子どもたちに「嬉しい」「楽しい」と思わせるのが指導者の役割だろう。

だから、もちろん遅刻してもわざわざ監督に謝る必要はなく、「多賀」ではみんな私のところへ報告だけ来てスッと練習に入っていく。過去には9時開始の試合で8時59分集合という試みをしたこともあるが、「万全の状態で試合に入れる準備を各自で整えておく」という意味では、むしろ１つの学びだと思う。家でしっかり練習してから来る子もいれば、１時間前に来て体を動かす子もいれば、15分前に来てパパッと準備してすぐ試合に入る子もいる。結果的に「自分で考えて行動する」という部分を養えるのだ。私たちは大会でも会場に到着するのが他のチームより遅く、「多賀はまだ来ないのか」と思われていることが多いが、着いたらすぐに準備して試合に入ろうとするので、本来入念に準備をしているはずの相手チームよりも早く整列している。目的はそこで時間通りに試合をすることであって、あらかじめ早く到着しておくことではない。

そもそも、あえて「教育」を目的として打ち出さなくても、みんなで集まって活動していたら自然と学んでいることが多いのが野球の良さだと思う。1人の能力が飛び抜けているからと言って勝てるわけではない。1人の走者が出たら全員で助け合いながら駒を進めて1点を取っていく。そして、みんなで考えながら1点を防いでいく。そういう競技だから面白いのだろう。

もし野球が「単打が1点、二塁打が2点、三塁打が3点、本塁打が4点」という個々の能力に応じたルールだったら、おそらく全然面白くない。だが実際は、ヒットが5本出たら最低でも2点は入ると思ってもダブルプレーやけん制死、バックホームでアウトなどの要素が絡んで無得点に終わることがある。そうかと思えば、ノーヒットでも点を取って勝つことができたりする。私たちが2016年に全国スポーツ少年団交流大会で優勝したときなどはまさに、決勝で最後までノーヒットに抑えられながらも特別延長・無死満塁から2本の内野ゴロで2点を取って優勝。当時は「果てしなく準優勝に近い日本一や」と言っていたが、ずっと劣勢でも負けるとは限らないわけで、「なんちゅう面白い競技なんや」と再認識したものだ。

そして、たとえばどうやったらチームが勝てるのかを自分たちで考えることは、社会に出たときにどうすれば会社の業績を上げられるかと考えることにもつながる。また特に野球は失敗することのほうが多いスポーツで、失敗したらまた次に失敗しないためにどうすればいいかを考える習慣もできてくる。あるいは団体競技なので、みんなで協力して1つの方向に向かっていくという〝ミニ社会〟を経験できる。そういうところに本来の野球の価値があるのだと思う。

いろいろなスポーツが発展している現在、競技以外の部分でルールや暗黙の了解をつくりすぎている野球界は、残念ながら「価値観が古い」と敬遠されてしまいやすい。野球をしているからこそ価値がある。そう言えるものを考えて見つけていくことが、これからの少年野球には必要なことだと思っている。

おわりに

指導者というのは子どもたちの道標だと思っている。

指導者と一緒に野球をやっているうちは、基本的にその指導者以上にはなれない。だから指導者はもっと勉強して自分の感性や指導力を高めなければならない。そして、子どもたちにはできるだけ早く自分の位置まで上がってきてもらえるように、過去の失敗から学んできたことを伝えていくことが大切だ。そうすれば、あとは子どもたちが自ら道標となって勝手に進んでいってくれる。

当たり前のことだが、選手は指導者の駒ではない。私も昔は「俺の言うことを聞いていたら勝たせたるから心配すんな。ついてこい!」というスタンスで指導をしていたが、それでは結局、選手を駒として見てしまっている。主役はあくまでも選手たち。彼らが頑張ったから日本一になったのであって、私は子どもたちの手によって日本一の監督にしてもらったのだ。だから、今はもちろん試合には勝ちたいんだけれども、それよりも「子どもたちやその家族が幸せな姿を見ていたい」という気持ちのほうが強い。そんな思いによる指導の繰り返しが、結果的に連覇にもつながったのかもしれない。

では、子どもたちは何が幸せか。やはり「野球がしたい」と言ってチームに入ってきたわけだから、ケガをせずに思い切り野球を楽しめるようにしてあげることが第一だと思う。その環境を整えてあげるのが私たち指導者の任務。一般的に「野球」と聞くとどこか試練の場のように思われる節があるが、スポーツというのは苦しんでやるものでもなければ、周りから追い込まれながらやるものでもない。精神力を鍛える場でもなく、規律を守る場でもなく、生活の中で体を動かしてストレスを発散したり楽しんだりする場だと思うのだ。

だから私たちは、全員が並んでグラウンドに挨拶をして全員が足並みを揃えてランニングをする、などということはしない。振り返れば子どものときは、サッカーにしてもドッヂボールにしても鬼ごっこにしても、学校の休み時間や放課後などに友達同士で何となく集まって体を動かしていたことがすごく楽しかった。野球についても、日本全体がそういう感覚になってくれることを期待している。そして、今後はもっと身近に野球が生活の流れに溶け込んでいって、「この時間にこのグラウンドで野球をやっているから、やりたい人は好きな時間においで」。気軽にそう言えるような時代になってほしいと願っている。

多賀少年野球クラブ
監督　辻　正人

辻 正人

つじ・まさと●1968年、滋賀県生まれ。近江高―近畿大。多賀中で軟式野球を本格的にはじめ、近江高校野球部に所属した。20歳のとき多賀少年野球クラブを結成し、以来、監督として指導にあたり続けている。プロ野球・東北楽天の則本昂大投手は同クラブOB。少年野球誌の『ヒットエンドラン』（ベースボール・マガジン社）で連載を受け持つなど、カリスマ指導者として全国で知られている。2015年「全国スポーツ少年団交流大会」準優勝、2016年同優勝。2018、2019年「全日本学童大会」優勝、2021年同ベスト8など実績多数。

多賀少年野球クラブ

1988年、メンバー12人で設立。滋賀県犬上郡多賀町で活動している。学童野球の最高峰『全日本学童軟式野球大会』に14回出場（優勝2回、準優勝2回、3位2回）。『全国スポーツ少年団軟式野球交流大会』には出場3回（優勝1回、準優勝2回）の実績を持つ。2011年には日本代表として、イタリアでの国際ユース野球に出場し優勝も果たしている。

多《た》賀《が》少《しょう》年《ねん》野《や》球《きゅう》クラブの「勝手《かって》にうまくなる」仕《し》組《く》みづくり

2021年10月 8 日　第1版第1刷発行
2023年10月31日　第1版第4刷発行

著者　辻 正人《つじ まさと》

発行人　池田哲雄
発行所　株式会社ベースボール・マガジン社
〒103-8482
東京都中央区日本橋浜町2-61-9　TIE浜町ビル
電話　03-5643-3930（販売部）
03-5643-3885（出版部）
振替口座　00180-6-46620
https://www.bbm-japan.com/

印刷・製本　大日本印刷株式会社

ISBN 978-4-583-11215-2 C0075